Annabel Langbein
Easy Cooking

Für Ted, Sean und Rose und die schönen Momente
bei unseren gemeinsamen Mahlzeiten.

Bibliografische Information der Deutschen Nationalbibliothek
Die Deutsche Nationalbibliothek verzeichnet diese Publikation in der Deutschen Nationalbibliografie; detaillierte bibliografische Daten sind im Internet über *http://dnb.d-nb.de* abrufbar.

Die Originalausgabe erschien unter dem Titel *Assemble. Sensational Food Made Simple* bei Annabel Langbein Books, einem Imprint von The International Culinary Institute Press Ltd, Neuseeland

Satz: typocepta, Wilhelm Schäfer, Köln
Printed in China

www.gerstenberg-verlag.de

ISBN 978-3-8369-2980-6

Frische Austern mit Thailändischem Chili-Dressing (Seite 2)

Annabel Langbein
Easy Cooking

Fotos von Nick Tresidder

Aus dem Englischen
von Barbara Holle

Gerstenberg Verlag

Inhalt

Wer nimmt sich heute noch die Zeit zu kochen? Gewiss, wir alle wollen gut essen, doch das Leben ist so hektisch, dass wir am Ende des Tages kaum noch die Zeit, und vor allem nicht die Energie, zu finden scheinen, um auch nur ans Kochen zu denken. Und wenn uns das Essen dann womöglich auch noch misslingt, nagt das an unserem Selbstbewusstsein. Es kommt also darauf an, dass sich das Essen schnell und einfach zubereiten lässt und dass wir ein Erfolgserlebnis haben.

Ein Hauptanliegen dieses Buches ist es deshalb, zu zeigen, wie sich mit einfachen Zutaten und Zubereitungsarten aus den verschiedensten Landesküchen immer wieder neue Geschmackserlebnisse kreieren lassen – wie man etwa aus einer Lammkeule einen sättigenden Eintopf auf marokkanische Art zaubern, ihr mit weißen Bohnen und Wurst eine französische Note geben oder sie mit Ingwer und Sternanis auf chinesische Art zubereiten kann. Die Zubereitungsart ist stets sehr ähnlich und obendrein ganz einfach. Und das Ergebnis wird Sie begeistern!

Ein gutes Rezept sollte wie eine Straßenkarte sein, die leicht zu lesen ist. Wenn man den Anweisungen folgt, gelangt man – ganz stressfrei und ohne den Überblick zu verlieren – ans gewünschte Ziel. Sobald man die Richtung kennt, findet man vielleicht sogar die ein oder andere geschickte Abkürzung. Selbstvertrauen ist das Wichtigste, was man beim Kochen mitbringen sollte, und je mehr Sie kochen, desto leichter wird es Ihnen fallen. Kochen ist keine exakte Wissenschaft – es kann also auch einmal etwas schiefgehen. Lassen Sie den Kopf dann nicht hängen: In den meisten Fällen kann man auch aus einem missglückten Essen noch etwas machen. Ob Sie nun ein vielbeschäftigter Mensch sind, der einfach nur ganz entspannt ein selbstgekochtes Essen genießen möchte, oder ob Sie Kochanfänger sind – ich hoffe, dass Ihnen dieses Buch das Selbstvertrauen gibt, mit dem Kochen zu beginnen und die Zubereitung und die Ergebnisse zu genießen.

Wenn wir kochen, feiern wir damit zugleich die Natur, die Freundschaft, die Familie. Machen Sie es sich dabei also nicht unnötig schwer. Die anderen werden es zu schätzen wissen, wenn Sie für sie kochen, und sei das, was Sie ihnen anbieten, auch noch so einfach. Denn das ist allemal besser, als irgendein Fast Food aufzutischen.

Dann also – guten Appetit!

Annabel

10 Schritte zum Erfolg

Kochen muss nicht schwierig sein. Wenn Sie einige einfache Regeln beachten, wird die Arbeit in der Küche zum Kinderspiel.

Man muss kein Meisterkoch sein

Wenn Sie beim Einkauf auf Qualität und Frische achten und Ihre Vorratskammer stets gut bestückt ist, werden Sie auch als ungeübter Koch ohne großen Aufwand die tollsten Gerichte zaubern, die Sie, Ihre Familie, Ihre Freunde und Gäste mit Begeisterung genießen werden. Verwenden Sie nach Möglichkeit Produkte der Saison. Je besser die Zutaten, desto weniger Arbeit haben Sie in der Küche. Halten Sie nach kleinen Fachgeschäften und biologischen Erzeugern Ausschau, die bei Anbau und Produktion auf Nachhaltigkeit achten.

Auch Fertigprodukte sind erlaubt

Das wachsende Angebot an Fertigprodukten und Fertiggerichten erleichtert dem Koch die Arbeit erheblich. Fertige Pastasaucen, frische Pestos und Dressings, Suppen, Würzpasten und Teige sind durchaus empfehlenswert – vorausgesetzt, sie enthalten keine Konservierungsmittel und keine künstlichen Farb- und Aromastoffe. Ich achte darauf, dass ich diese praktischen Fertigerzeugnisse immer vorrätig habe. Fertigsuppen und -saucen können Sie eine ganz persönliche Note verleihen, indem Sie sie mit weiteren Zutaten verfeinern und geschmacklich abrunden.

Der Geschmack macht's

Worauf es beim Kochen vor allem ankommt, ist der Geschmack – und natürlich die Konsistenz. Deshalb sollten Sie die Speisen während der Zubereitung immer wieder abschmecken und auch einmal ganz nach Belieben andere Zutaten oder Gewürze verwenden.

Experimentieren Sie ruhig

Abgesehen vom Backen, das exakten chemischen Gesetzen folgt, lassen die anderen Gerichte jede Menge Spielraum für Interpretation und Improvisation. Fehlt Ihnen eine Zutat, überlegen Sie einfach, was sich als Ersatz eignet. Viele der hier vorgestellten Rezepte basieren auf Zubereitungsarten und Garverfahren, die sich auf alle möglichen Zutaten anwenden lassen.

Würzen will gelernt sein

Salz und Pfeffer sind die wichtigsten Verbündeten des Kochs, denn ohne sie würde jedes Essen fade und langweilig schmecken. Für Kochanfänger habe ich deshalb in den Rezepten die Salzmengen angegeben, damit sie lernen, wie viel Salz man benötigt. Wird im Rezept leicht gesalzenes Wasser verlangt (etwa zum Gemüsekochen), nehme ich 1 TL für einen mittelgroßen Topf. Für Nudeln benötigt man mehr Salz, etwa 1 EL auf 1,5 Liter Wasser. Für alltägliche Gerichte genügt herkömmliches Speisesalz. Teures Gourmetsalz wie naturbelassenes Meersalz und Fleur de Sel sollte man nur zum Garnieren verwenden, damit der feine Geschmack und die Konsistenz richtig zur Geltung kommen. Und wenn Sie sich etwas besonders Gutes tun wollen, bestreuen Sie einmal ein Brot oder einen Salat damit.

Die gut sortierte Vorratskammer

Wichtig ist, dass Sie das zur Hand haben, was Sie gerne essen. Mit stärkehaltigen Lebensmitteln wie Nudeln, Reis und Kartoffeln und mit Kräutern, Gewürzen und Saucen (Seite 12–15) lassen sich selbst einfachste Zutaten mit wenig Aufwand in raffinierte Gerichte verwandeln.

Gönnen Sie sich gute Küchengeräte

Die Zubereitung guter Speisen erfordert keine besondere Ausrüstung. Für die Rezepte in diesem Buch benötigen Sie einige scharfe Messer, ein Schneidbrett (eine Seite für Süßes, eine Seite für Pikantes), drei oder vier Töpfe, einige beschichtete Bratpfannen, eine große gusseiserne Kasserolle, eine Backform, ein Bratgeschirr, ein Backblech, verschiedene Rührschüsseln, Messlöffel und -becher, zwei Edelstahlkännchen, kleine Küchenhelfer wie Zange, Pfannenwender, Fischheber

etc., Zitruspresse, Kochlöffel, Schneebesen und Handmixer. Was Sie sich unbedingt anschaffen sollten, ist eine Küchenmaschine oder ein Mixer, mit denen sich vielerlei Gerichte zubereiten lassen.

Gehen Sie es locker an

Sofern Sie noch Anfänger sind, beginnen Sie mit ganz einfachen Gerichten. Wenn Sie ein neues Rezept ausprobieren und das Essen Ihnen schmeckt, bereiten Sie es so oft zu, bis es Ihnen geläufig ist, und beginnen Sie dann, es geschmacklich abzuwandeln. Das ist eine großartige Möglichkeit, Selbstvertrauen zu entwickeln und den Gaumen zu schulen.

Ein angenehmes Ambiente

Egal wie einfach das Essen ist, decken Sie den Tisch stets mit Besteck, Servietten und Wassergläsern, und stellen Sie beim Abendessen noch Kerzen dazu. Wählen Sie ein schlichtes Service und achten Sie darauf, dass Geschirr, Besteck und Gläser nicht bunt zusammengewürfelt sind. Am besten kommen die Speisen in der Regel auf einfachen weißen oder cremefarbenen Tellern zur Geltung. Und nehmen Sie sich Zeit, um das Essen und die Konversation zu genießen.

Keine Angst vor Gästen

Seien wir einmal ehrlich: Wer lässt sich nicht gerne bekochen? Und wer sich nicht mit einem Fertiggericht vor dem Fernseher begnügt, sondern sich mit anderen an einen Tisch setzt, um gemeinsam eine Mahlzeit zu genießen, entwickelt überdies ein Bewusstsein für seine Ernährung.

Die wichtigsten Zutaten

Wenn Sie vor dem Kochen nicht erst lange planen wollen, sollte Ihre Speisekammer stets gut sortiert und gefüllt sein. Überlegen Sie, was Sie gerne essen und was Sie benötigen, um raffinierte, appetitanregende Speisen zuzubereiten.

Anchovis sollten fest und fleischig sein und eine kräftige, rötlich-braune Farbe haben. In Salzlake eingelegte Anchovis vor der Verwendung mehrmals unter fließendem kalten Wasser abspülen und anschließend in Wasser oder Milch legen.
Passen gut zu Caesar-Salat und anderen Salaten, Pizza, Pies, Rosmarin, Knoblauch, Zitrone, Sahne, Schweinefleisch, Lamm, Kalbfleisch.

Artischocken – in Salzlake oder Öl eingelegt – sollte man unbedingt vorrätig haben.
Passen gut zu Nudelsaucen, Dips, Gratins, grünem Salat mit Parmesan (die Artischocken dazu vorher in Scheiben schneiden).

Austernsauce ist eine asiatische Würzsauce aus Austernextrakt. Mit ihrem rauchig-salzigen Geschmack eignet sie sich hervorragend, um den Geschmack der Speisen zu heben.
Passt gut zu allen asiatischen Gerichten und eignet sich, mit etwas Honig verrührt, vorzüglich als Sauce zu kurz gebratenem Fleisch und zum Marinieren von Rind- und Hähnchenfleisch.

Bohnen Konservierte Bohnen eignen sich für die verschiedensten Zubereitungen. Lassen Sie Ihrer Phantasie freien Lauf. Bohnen vor der Verwendung abgießen und abspülen. Der Dosengeschmack lässt sich beseitigen, indem man die Bohnen in etwas Olivenöl mit abgeriebener Zitronenschale und Kräutern erhitzt.
Passen gut zu Lamm, Rindfleisch, Hähnchen und Schweinefleisch und eignen sich hervorragend für Suppen und Eintöpfe.

Brühe (Seite 92)

Chilis Es empfiehlt sich, eine Auswahl verschiedener frischer Chilischoten und Chiliprodukte (Pasten und Saucen) vorrätig zu haben.
Passen gut zu den meisten Zutaten und verleihen ihnen Pep.

Currypaste Das Angebot an grünen und roten Currypasten aus Thailand ist vielfältig. Die einzelnen Produkte unterscheiden sich jedoch erheblich im Schärfegrad. Nehmen Sie deshalb zunächst nur wenig davon und würzen Sie nach, bis der gewünschte Schärfegrad erreicht ist. Notieren Sie sich die Menge oder den Schärfegrad anschließend am besten auf der Verpackung. So wissen Sie beim nächsten Mal gleich, wie viel Sie benötigen.
Passt gut zu allen Gerichten, die würziger sein sollen. Eignet sich für Marinaden, Würzpasten, Saucen, Dressings.

Dashi ist die Grundlage für die verschiedensten japanischen Suppen. Die gebräuchlichste Variante wird aus Seetang (Kombu) oder katsuo-bushi (getrockneten Bonito-Flocken) hergestellt. Im Handel wird Dashi als Instantpulver angeboten, das aus getrockneten Bonito-Flocken besteht. Es eignet sich gut als Grundlage für Miso-Suppe und Suppen mit Meeresfrüchten. Auf 1 l kochendes Wasser rechnet man 1 ½ TL Dashi.

Essig Zum Säuern und Abrunden sollte man stets eine Auswahl verschiedener Essigsorten vorrätig haben.
Eignet sich gut für Saucen und Dressings.

Fischsauce Die scharfe Sauce verleiht den Gerichten einen kräftigen, würzigen Geschmack. Fischsauce ist sehr salzig, machen Sie also von den übrigen Gewürzen nur sparsam Gebrauch. Der Fischgeschmack verflüchtigt sich beim Kochen oder wenn man die Sauce mit anderen Zutaten mischt.
Passt gut zu asiatischen Gerichten, Saucen, Dressings und Marinaden. Mit 1–2 EL Fischsauce lässt sich jedes Curry und jede Sauce aufpeppen. Ein fettarmes Dressing erhalten Sie, wenn Sie 2 EL Fischsauce und 2 EL frisch gepressten Limettensaft mit 1 TL Sesamöl verrühren und mit Pfeffer abschmecken.

Geröstete Paprikaschoten Rote, gelbe oder grüne Paprikaschoten waschen und bei 240 °C (Umluft 220 °C) 15–20 Min. im Backofen rösten, bis die Schale aufplatzt und dunkel wird. Die Schoten aus dem Ofen nehmen und in einem verschlossenen Behälter leicht abkühlen lassen. Unter fließendem kalten Wasser die Haut abziehen, die Kerne und die weißen Häute entfernen. Das Fruchtfleisch in Streifen schneiden und mit etwas Olivenöl vermischen. Im Kühlschrank sind die Schoten bis zu 1 Woche haltbar, sie lassen sich aber auch einfrieren.
Eignen sich gut für Nudelsaucen, Salate, Eintöpfe, Gratins, Frittata oder zum Füllen von Pies.

Gerösteter Knoblauch Eine Knoblauchknolle oben abschneiden, um die Zehen freizulegen. Die Knolle in eine ofenfeste Form setzen, mit etwa 125 ml Olivenöl übergießen und 35–45 Min. bei 170 °C (Umluft 150 °C) im Backofen garen. Die Knolle abkühlen lassen. Anschließend das Knoblauchpüree herauspressen und mit etwas Kochflüssigkeit verrühren.
Passt gut zu Nudeln, Dressings, Saucen und Eintöpfen. Die cremige Paste eignet sich hervorragend zum Würzen.

Gewürze Kaufen Sie Gewürze in kleinen Mengen von einem Händler, bei dem sie nicht lange lagern. Beim Rösten oder Mahlen werden die ätherischen Öle freigesetzt, und die Gewürze entfalten ihr Aroma besser.

Halbgetrocknete Tomaten sind in Feinkostgeschäften erhältlich. Ersatzweise kann man sonnengetrocknete Tomaten 20 Min. in Wasser einweichen und in Scheiben schneiden.
Eignen sich gut für Nudelgerichte, Salate, Schmorgerichte, Pizza, Pies, Frittata.

Ingwer sollten Sie unbedingt frisch im Haus haben. Er verleiht den Speisen einen frischen, pikanten Geschmack. Junger Ingwer hat eine zarte, dünne Schale. Er ist weich und verdirbt sehr schnell. Mit zunehmendem Alter wird die Schale härter und nimmt eine goldbraune Farbe an, und das Fruchtfleisch wird faseriger. Die Schale sollte dann mit dem Messerrücken abgeschabt werden, bevor man den Ingwer reibt oder in Scheiben schneidet.
Passt gut zu allen asiatischen und marokkanischen Gerichten sowie zu Desserts. 1 TL Ingwer verleiht Dressings und Saucen eine pikante Note.

Kaffirlimettenblätter sind ein fester Bestandteil der thailändischen und südostasiatischen Küche. Als Ersatz eignet sich die Schale einer Limette. Die Blätter können eingefroren werden. Im Handel werden sie gelegentlich getrocknet angeboten.
Passen gut zu allen asiatischen Gerichten, Zitronen und Limetten, Chili, Ingwer, jeder Art von Fleisch, Reis und Nudeln.

Kapern sollten in Salzlake eingelegt sein und müssen vor der Verwendung mehrmals unter fließendem Wasser abgespült werden.
Passen gut zu Meeresfrüchten, Hähnchen, Petersilie, sonnengetrockneten Tomaten, Zitrone, Zwiebeln.

Kichererbsen aus der Dose vor der Verwendung abgießen und abspülen.
Eignen sich gut für Salate, Currys, Suppen, Eintöpfe.

Knoblauch sollte nicht zu lange gelagert werden. Beim Einkauf darauf achten, dass die Knollen möglichst groß und fest sind. Zum Schälen mit der Klinge eines schweren Messers kräftig auf die Zehen schlagen oder die Zehen mit kochend heißem Wasser übergießen, einige Minuten stehen lassen und die Schale anschließend abziehen. Beim Braten darauf achten, dass der Knoblauch nicht braun wird, er schmeckt sonst bitter.
Passt gut zu allen pikanten Speisen. Gerösteter Knoblauch (Seite 13) eignet sich hervorragend zum Würzen und ist gekühlt lange haltbar.

Kokoscreme (Seite 144)
Passt gut zu Currys und Currygewürzen, Fisch, Hähn

chen, Rind- und Schweinefleisch, Ingwer, Knoblauch, Limetten, Chili, Vanille, Zucker.
Kombu, getrockneter Seetang, wird zum Verfeinern von Miso-Suppe und japanischen Suppengrundlagen verwendet.
Kräuter verleihen den Gerichten eine angenehm frische Note. Vor allem Petersilie sollte man stets im Haus haben, da sie sich hervorragend zum Abrunden der Speisen eignet. Basilikum gedeiht auf einer sonnigen Fensterbank nicht nur im Sommer. Denken Sie aber auch an Dill, Kerbel, Minze, Koriandergrün und andere Kräuter. Basilikum und Petersilie lassen sich hervorragend einfrieren, wenn man sie vorher mit etwas Öl püriert. Bei Kräutern mit holzigen Stielen wie Thymian, Rosmarin und Lorbeer können Sie ganze Zweige einfrieren.
Eignen sich gut für alle Speisen, denen man eine frische Note verleihen möchte. Eine Mischung aus Minze, Koriandergrün und Basilikum **passt gut zu** asiatischen, eine aus Basilikum, Oregano und Rosmarin zu mediterranen Gerichten.
Miso Die nahrhafte salzige Paste wird aus fermentierten Sojabohnen hergestellt. Gelegentlich reichert man sie noch mit Getreide an. Miso ist ein unverzichtbarer Bestandteil der japanischen Küche, enthält sehr viel Eiweiß und Kalzium und ist kalorien- und fettarm. Es gibt mehrere Sorten, die sich je nach Zutaten und Reifegrad in Geschmack, Konsistenz, Farbe und Aroma unterscheiden. Der weiße Belag, der sich manchmal auf der Miso-Paste bildet, ist unschädlich und kann einfach abgekratzt werden.
Eignet sich gut für Bratensaft und Saucen, Dressings und Marinaden. 1 EL Miso-Paste, in einer Tasse heißem Wasser aufgelöst, ergibt eine kräftige Brühe, die mit Nudeln, Ingwer und Gemüse angereichert werden kann.
Nudeln Im Unterschied zu herkömmlichen Nudeln sind asiatische Nudeln in der Regel bereits gesalzen. Die Nudeln in kochendem Wasser garen, unter fließendem kalten Wasser abschrecken und abtropfen lassen. Wenn Sie sie nicht sofort weiterverarbeiten und sie verklebt sind, halten Sie das Sieb noch einmal kurz unter fließendes Wasser, um die Nudeln zu trennen. Nudeln können ihr Gewicht beim Kochen verdoppeln.
Öle (Seite 126)
Oliven Sowohl grüne (unreife) als auch schwarze (reife) Oliven sind unbehandelt nicht genießbar, da sie ein außerordentlich bitteres Glykosid, das Oleuropin, enthalten. Traditionell werden Oliven in Salzlake eingelegt. Chemisch behandelte Oliven haben häufig einen sehr faden Geschmack.
Passen gut zu allen mediterranen Gerichten und zu eiweißreichen Speisen. Noch mehr Geschmack können Sie den Oliven verleihen, wenn Sie sie mit Kräutern und Gewürzen marinieren.
Parmaschinken ist ein leicht gesalzener, luftgetrockneter roher Schinken aus Italien. Er ist fester als andere Schinken, weil er bei der Herstellung gepresst wird. Servieren Sie ihn frisch und in hauchdünne Scheiben geschnitten.
Passt gut zu Brot, Feigen, Melone, Pfirsich. Sie können ihn auch braten und unter einen Salat mischen.
Parmesan (Seite 84)
Pesto (Seite 18)
Puderzucker Kleine Pannen und verbrannte Stellen lassen sich im Handumdrehen kaschieren, wenn man etwas Puderzucker darüberstäubt.
Passt gut zu allen Süßspeisen. Bestäuben Sie Desserts mit Puderzucker, den Sie anschließend unter dem Backofengrill karamellisieren lassen.
Reispapier (Seite 33)
Safran Die getrockneten Narben des Safrankrokus (Crocus sativus) sind das teuerste Gewürz der Welt. Die Qualität des Safrans lässt sich an der Farbe erkennen. Die Fäden sollten ein kräftiges

Rot haben. Weiße oder helle Flecken sind ein Zeichen von minderer Qualität. Damit der Safran seine Farbe abgibt, muss er kurz in eine heiße Flüssigkeit gelegt werden. Butter oder Öl dürfen erst nach dem Einweichen hinzugefügt werden.
Passt gut zu Meeresfrüchten, Saucen, Kartoffeln, marokkanischen Gerichten. Zum Würzen sind 10–12 Safranfäden ausreichend.

Schokolade (Seite 208)
Passt gut zu Nüssen, Erdbeeren, Gebäck. Zum Schmelzen die in Stücke gebrochene Schokolade in eine mikrowellengeeignete Schüssel geben und auf höchster Stufe 1 Min. erhitzen. Umrühren und im 20-Sekunden-Takt so lange erhitzen, bis sie beim Umrühren vollständig schmilzt. Dabei darauf achten, dass sie nicht zu stark erhitzt wird. Sie kann sonst anbrennen oder verklumpen und lässt sich dann nicht mehr verarbeiten.

Senf Dijon-Senf, grobkörniger Senf, scharfer englischer Senf oder der mildere Bordeaux-Senf – sie alle leisten in der Küche gute Dienste.
Passt gut zu Fleisch, Salatsaucen, Sandwiches.

Sesamöl hat einen nussigen Geschmack. Geröstetes Sesamöl ist dunkler und hat eine intensivere Note. Vor Gebrauch die Geruchsprobe machen. Ranzige Öle sind giftig und sollten nicht verwendet werden.
Passt gut zu asiatischen Gerichten. Da Sesamöl schnell verbrennt, sollte man es mit anderen Ölen mischen oder erst am Ende der Kochzeit hinzufügen.

Sojasauce ist ein unverzichtbarer Bestandteil der chinesischen und japanischen Küche. Chinesische Sojasaucen werden in der Regel aus fermentierten Sojabohnen hergestellt. Sie sind in zwei Varianten – hell und dunkel – erhältlich. Zum Kochen verwendet man meist dunkle Sojasauce, weil sie beim Erhitzen ihr Aroma besonders gut entfaltet. Japanische Sojasauce, auch Shoyu genannt, wird vielfach mit Weizen angereichert, der ihr einen süßeren Geschmack verleiht. Tamari, die dunklere und aromatischere Variante, wird traditionell als Nebenprodukt bei der Miso-Herstellung gewonnen.
Passt gut zu asiatischen Gerichten. Sojasauce ist sehr salzig, deshalb sollte man mit dem Salz sparsam umgehen.

Vanille Verwenden Sie am besten natürlichen Vanilleextrakt oder ganze Schoten und nicht Vanillin.
Passt gut zu allen Süßspeisen. Die Vanilleschoten der Länge nach aufschlitzen und in Milch erhitzen. Noch intensiver wird der Geschmack, wenn man das Mark herauskratzt und in die Flüssigkeit gibt.

Ziegenkäse und Feta sollte man für einfache Snacks und Füllungen immer im Kühlschrank vorrätig haben.
Passen gut zu Oliven, Kräutern, Zitrone. Ziegenkäse und Feta eignen sich hervorragend zum Verfeinern von Brathähnchen (den Käse vor dem Braten unter die Haut schieben), Couscous oder Nudeln mit Pesto und gerösteten Pinienkernen sowie als Aufstrich für Crostini oder Bruschette.

Zitronen und Limetten Die wohl wichtigsten Zutaten zum Verfeinern von Speisen. Aromatisieren Sie Marinaden, Saucen, Dressings und Suppen mit der abgeriebenen Schale, in der die ätherischen Öle stecken. Achten Sie beim Abreiben darauf, die bittere weiße Haut nicht mitzureiben.
Passen gut zu allem. Bei Saucen auf Milchbasis darauf achten, dass die Sauce bereits eingedickt und gebunden ist, bevor Sie den Zitronensaft (oder eine andere säurehaltige Zutat) hinzufügen, sonst kann die Sauce ausflocken.

Zitronengras Das aromatische Gras verleiht Pfannengerührtem, Saucen und Gratins eine feine Note. Die harte äußere Hülle entfernen und den zarten unteren Teil fein reiben. Faserige Stücke dabei entfernen. Sie können aber auch die ganzen Stiele verwenden. Dann sollten Sie sie vor der Verwendung mit einer Messerklinge leicht zerdrücken, damit das Aroma freigesetzt wird. Wenn Sie das Wurzelende in Wasser stellen, bilden sich neue Triebe. Zitronengras lässt sich auch einfrieren.

Zwiebeln, Frühlingszwiebeln, Schalotten Zum Verfeinern von Saucen, Dressings und Salaten sollte man immer mindestens eine dieser Zwiebelsorten im Haus haben. Zwiebeln und Schalotten trocken abreiben und in einem Korb in der Vorratskammer aufbewahren; Frühlingszwiebeln im Kühlschrank lagern.

Würzpasten und -saucen

Pikante Pasten und Dressings runden Ihre Speisen nicht nur ab, Sie können damit auch ganz alltägliche Zutaten in Gerichte verwandeln, die schmecken, als hätte ihre Zubereitung Sie eine Menge Mühe gekostet. Sie können diese Würzmittel kaufen oder selbst machen – auf alle Fälle sollten Sie stets einen Vorrat davon im Kühlschrank haben.

Tapenade

150 g entsteinte Kalamata-Oliven
1 Knoblauchzehe, zerdrückt
4 Anchovisfilets
1 EL Kapern
abgeriebene Schale von ½ unbehandelten Zitrone
80 ml Olivenöl

Alle Zutaten im Mixer zu einer Paste verrühren.

Für etwa 200 g

Aufbewahrung Im Kühlschrank monatelang haltbar.

Basilikumpesto

3 Bund Basilikum
2 große Knoblauchzehen, zerdrückt
200 ml gutes Olivenöl
4 EL frisch geriebener Parmesan
½ TL Salz, frisch gemahlener Pfeffer
30 g geröstete Pinienkerne oder Walnüsse (nach Belieben)

Basilikumblätter abzupfen. Alle Zutaten mit Ausnahme des Öls im Mörser zu feiner Paste zerstoßen und zum Schluss Öl unterrühren. Oder alle Zutaten im Mixer pürieren.

Für etwa 350 g

Aufbewahrung Im Kühlschrank ist das Pesto bis zu 2 Wochen haltbar, Sie können es aber auch einfrieren.

Salsa verde

1 ½ Bund Basilikum
1 kleines Bund Minze
4 EL Schnittlauchröllchen
2 EL Kapern
2 Knoblauchzehen, geschält
2 TL Dijon-Senf
4 EL Zitronensaft
250 ml Olivenöl
5 Anchovisfilets
½ kleine rote Zwiebel, gehackt
1 hartgekochtes Eigelb (nach Belieben)

Abgezupfte Basilikum- und Minzeblätter mit restlichen Zutaten im Mixer zu einem glatten Püree verrühren.

Für etwa 500 g

Aufbewahrung Im Kühlschrank ist die Salsa bis zu 1 Woche haltbar, sie lässt sich aber auch einfrieren.

Öle und Mayonnaisen

Aromatisierte Öle und Mayonnaisen sind vielseitig verwendbare Würzmittel, mit denen sich köstlichste Salate herstellen lassen. Die frischen Kräuter können auch durch mit Öl verdünntes Pesto ersetzt werden.

Basilikumöl

3 Bund Basilikum
½ TL Salz
250 ml Öl (Traubenkern- oder Olivenöl oder eine Mischung aus beidem)

Basilikumblätter abzupfen, in eine Schüssel geben und mit kochendem Wasser übergießen. Sofort abgießen und unter fließendem kalten Wasser abschrecken. Basilikum sorgfältig trockentupfen, mit Salz und Öl pürieren und eventuell durch ein feines Sieb passieren.

Für etwa 350 ml

Aufbewahrung Im Kühlschrank ist das Öl 4–5 Tage haltbar, Sie können es aber auch einfrieren.

■ **Minzöl**
Ersetzen Sie das Basilikum durch Minze.

■ **Rucola-Petersilien-Öl**
Ersetzen Sie das Basilikum durch 6–8 große Blätter Rucola und 1 Bund glatte Petersilie (harte Stiele entfernen).

■ **Chili-Koriander-Öl mit Limette**
Ersetzen Sie das Basilikum durch 2–3 Stängel Koriandergrün (Wurzeln entfernen), 1 kleine rote Chilischote (entkernt) und die abgeriebene Schale von 1 unbehandelten Limette.

Zitronenmayonnaise

4 EL Zitronensaft
3 frische Eigelb
1 TL Salz
½ TL frisch gemahlener Pfeffer
abgeriebene Schale von 1 unbehandelten Zitrone
250 ml Traubenkernöl

Alle Zutaten außer dem Öl in den Mixer geben und kurz verrühren. Bei laufendem Motor Öl in feinem Strahl angießen, bis eine cremige Sauce entstanden ist. (Sollte die Mayonnaise zu dick geworden sein, können Sie sie mit etwas heißem Wasser verdünnen.)

Für etwa 300 g

Aufbewahrung Im Kühlschrank ist Mayonnaise bis zu 2 Wochen haltbar.

■ **Chermoula-Dressing**
½ Bund Koriandergrün, 120 g Mayonnaise (oder Zitronenmayonnaise), 2 Knoblauchzehen (zerdrückt), 3 TL Zitronensaft, ½ TL geräuchertes Paprikapulver oder Rosenpaprika, 1 TL gemahlener Kreuzkümmel, 2 Msp. Cayennepfeffer
Korianderblätter abzupfen, fein schneiden und mit den restlichen Zutaten verrühren.

Für etwa 150 g

■ **Wasabi-Limetten-Mayonnaise**
120 g Mayonnaise (oder Zitronenmayonnaise), 2–3 TL Wasabi-Paste und 6 TL Limettensaft miteinander verrühren.

Für etwa 150 g

■ **Currymayonnaise**
120 g Mayonnaise (oder Zitronenmayonnaise), 3 TL Zitronen- oder Limettensaft, 1 TL Currypulver und ½ TL braunen Zucker kräftig miteinander verrühren.

Für etwa 140 g

Snacks

Köstliche kleine Snacks und Fingerfood lassen sich jederzeit ohne großen Aufwand herstellen. Dabei sind durchaus auch Fertigprodukte erlaubt (sofern sie wirklich gut schmecken), denen Sie mit etwas Olivenöl, Zitronenschale oder Parmesan, Paprikapulver oder frischen Kräutern Ihre ganz persönliche Note verleihen können. Und servieren Sie dazu, je nach Saison, noch etwas Frisches wie knackige Gurkenviertel mit cremigem Räucherlachsdip, blanchierte Bohnen und Spargel mit Salsa verde oder Pesto, Radieschen mit aromatisierter Butter oder einen Römischen Salat, den Sie mit einem Caesar-Dressing und viel Knoblauch anmachen.

Schnell gemacht: frischer, kurz blanchierter Spargel mit Salsa verde und dazu ein Glas Wein.

Einfach gerührt
Frischkäse mit ...

Frischkäse oder Mascarpone eignet sich hervorragend als Grundlage für die verschiedensten Dips und Brotaufstriche. Geben Sie die Zutaten in den Mixer und rühren Sie sie glatt. In verschlossenen Behältern lassen sich die Dips im Kühlschrank bis zu einer Woche aufbewahren und sogar einfrieren.

Frischkäsedip mit Räucherlachs

250 g Frischkäse
100 g Räucherlachs, klein geschnitten
2 EL Zitronensaft
2 EL fein gehackter Dill, Fenchelkraut oder glatte Petersilie
1 EL Kapern

Servieren Sie Frischkäse mit frischen Gurkenscheiben oder verwenden Sie ihn als Aufstrich für Sandwiches und Knusperbrot (Seite 24). Oder Sie bereiten daraus Lachsröllchen zu, indem Sie Räucherlachsscheiben mit Frischkäse bestreichen und aufrollen. Gut passt er auch zu frischem Spargel und Blattsalaten.

Für etwa 400 g

Kräuterdip

250 g Frischkäse
125 g Schlagsahne
4 Anchovisfilets
1 EL Kapern
2 TL gehackter frischer Estragon oder Petersilie
2 Knoblauchzehen, zerdrückt
abgeriebene Schale von ½ unbehandelten Zitrone

Reichen Sie diesen Dip zu einer Platte mit verschiedenem frischen und gerösteten Gemüse. Servieren Sie Brot und Oliven dazu. Der Dip eignet sich auch zum Füllen von Hähnchenbrust. Mit etwas Sahne verdünnt kann er als kalte Sauce zu grünen Bohnen und Spargel serviert werden. Erhitzt passt er zu Steaks, Meeresfrüchten und Hähnchen.

Für etwa 400 g

Feta-Dip mit Fenchel

200 g Feta, zerkrümelt
125 g Frischkäse
4 EL Olivenöl
1 kleine rote Chilischote oder ½ TL Chiliflocken
½ TL Fenchelsamen

Mit Frischkäse püriert eignet Feta sich hervorragend als Brotaufstrich und für Füllungen. Geben Sie den Dip z. B. in halbierte rote Paprikaschoten und überbacken Sie diese – ein Leckerbissen. Man kann den Dip auch mit frischem Spinat verrühren und als Füllung für einen Lammbraten verwenden.

Für etwa 400 g

SCHNELLE DIP-IDEEN

Verrühren Sie Frischkäse oder Mascarpone mit:

- ein wenig von Ihrem Lieblingspesto, -chutney oder -relish
- gehacktem Ingwer und Knoblauch, frischem Koriandergrün und ein wenig süßer Chilisauce
- Pesto und frisch geriebenem Parmesan
- Instant-Zwiebelsuppe (Pulver) und frischen Schnittlauchröllchen
- zerkleinertem Räucherfisch, Zitronensaft und Dill oder Petersilie

Dose aufgepeppt

Wenn unverhofft Gäste kommen und Sie auf die Schnelle einen Snack auf den Tisch zaubern müssen, greifen Sie auf eine gute Konserve, z. B. Thunfisch, Tomaten, Anchovis, Artischocken oder Bohnen, zurück. Verfeinern Sie sie raffiniert mit Gewürzen und frischen Zutaten, und niemand wird merken, dass es sich um »Dosenfutter« handelt.

Toskanische Artischockencreme

400 g Artischocken, abgetropft
80 ml Olivenöl extra vergine
4 EL gehacktes frisches Koriandergrün
8 Kalamata-Oliven, entsteint und gehackt
3 Anchovisfilets
2 Knoblauchzehen, zerdrückt

Alle Zutaten kurz im Mixer pürieren (die Creme sollte nicht ganz glatt sein). Artischockencreme eignet sich als Dip zu frischem Gemüse oder als Aufstrich für Bruschetta. Man kann sie auch als Beilage zu Steaks und gegrilltem Fleisch servieren oder sie mit Nudeln vermengen (Seite 50).

Für etwa 500 g

Aufbewahrung Im Kühlschrank bis zu 1 Woche haltbar.

Thunfisch-Dip Nizza

185 g Thunfisch, abgetropft
4 EL Sahne
1 Gewürzgurke, fein gehackt
1 TL Kapern, gehackt
1 TL Thymianblättchen
½ TL grobkörniger Senf
¼ TL Salz, frisch gemahlener Pfeffer
abgeriebene Schale von ½ unbehandelten Zitrone

Alle Zutaten im Mixer zu einer glatten Creme verrühren. Als Dip zu frischem Gemüse servieren oder als Aufstrich für Bruschetta verwenden. Man kann den Dip aber auch als Beilage zu Steaks und gegrilltem Fleisch servieren oder ihn mit Nudeln vermengen (Seite 50).

Für etwa 250 g

Aufbewahrung Im Kühlschrank 2–3 Tage haltbar.

KNUSPERBROT UND CROSTINI

Fladenbrot, z. B. Pita oder Foccaccia, in dünne Scheiben schneiden (für Crostini Baguette wählen). Brotscheiben auf einem Backblech verteilen und mit Olivenöl bestreichen. 20 Min. bei 200 °C (Umluft 180 °C) im Backofen backen, bis sie goldbraun und knusprig sind. In einem luftdicht verschlossenen Behälter ist das Brot etwa 1 Woche haltbar und kann vor dem Servieren noch einmal 5 Min. im Backofen aufgebacken werden.

Für eine Handvoll Bohnen

Bohnenpüree mit Minze und Pecorino

400 g Dicke Bohnen
50 g fein geriebener Pecorino oder Parmesan
4 EL Olivenöl extra vergine
20 Minzeblätter, fein geschnitten
4 Anchovisfilets
2 Knoblauchzehen, zerdrückt
½ TL Salz, frisch gemahlener Pfeffer

Sie können tiefgekühlte Bohnen (vorher auftauen und die Häutchen abziehen) oder frische Bohnen verwenden. Diese vorher 3–4 Min. in leicht gesalzenem Wasser kochen, abgießen, abschrecken und Häutchen entfernen. Alle Zutaten kurz im Mixer pürieren (das Püree sollte nicht ganz glatt sein) und gegebenenfalls mit etwas Wasser oder Öl verdünnen. Bohnenpüree eignet sich hervorragend als Aufstrich für Bruschetta (Seite 45).

Für etwa 500 g

Aufbewahrung Im Kühlschrank 4–5 Tage haltbar.

Grüne Bohnen mit Miso-Sauce

400–500 g grüne Bohnen, geputzt
200 g Mayonnaise
2 EL Miso-Paste
2 EL frisch geriebener Ingwer
1 Knoblauchzehe, zerdrückt
2 TL brauner Zucker
1 TL Sesamöl
1 TL Sojasauce

Bohnen 3 Min. in leicht gesalzenem Wasser blanchieren. Unter fließendem kalten Wasser abschrecken und abtropfen lassen. Restliche Zutaten zu einer Sauce verrühren, die Bohnen damit beträufeln und servieren. Miso-Sauce eignet sich auch hervorragend als Dressing für Spargel-, Nudel-, Meeresfrüchte-, Geflügel- und Blattsalate.

Für 4 Portionen

Aufbewahrung Miso-Sauce ist im Kühlschrank bis zu 1 Woche haltbar.

JAPANISCHE SOJABOHNEN

Zum Schluss noch ein unwiderstehlicher – und obendrein gesunder – Snack. Sojabohnen werden tiefgefroren in asiatischen Supermärkten angeboten. Die Bohnen müssen vor dem Servieren nur noch erhitzt werden. Geben Sie sie dazu in den Dampfkochtopf oder für etwa 2–3 Min. in die Mikrowelle, verteilen Sie sie anschließend auf kleine Servierschüsseln und bestreuen Sie sie mit Meersalz. Beim Essen die Hülsen aufbeißen, entfernen und die Kerne genießen. Eine 500-Gramm-Packung reicht für 4–6 Portionen.

Stars aus dem Meer

Klassische Kombinationen kommen nie aus der Mode. Wenn Sie etwas Raffiniertes für eine Cocktailparty suchen, das auch Ihre Schwiegereltern beeindruckt, sind die folgenden Rezepte genau das Richtige. Achten Sie aber unbedingt auf die Qualität der Meeresfrüchte.

Klassischer Garnelencocktail

120 g Mayonnaise
2 EL Tomatenketchup
1 TL Worcestersauce
½ TL fein gewürfelte Chilischote (nach Belieben)
300 g Garnelenschwänze, gegart
½ Eisbergsalat, in feine Streifen geschnitten
½ Salatgurke, in hauchdünne Scheiben gehobelt

Mayonnaise mit Tomatenketchup, Worcestersauce und Chili verrühren und bis zum Servieren in den Kühlschrank stellen. Garnelenschwänze mit Salatstreifen und Gurkenscheiben auf Tellern anrichten und mit der Sauce servieren.

Für 6 Portionen

Aufbewahrung Die Sauce ist im Kühlschrank bis zu 1 Woche haltbar.

Vollkorntoast mit Wasabi-Butter und Austern

100 g weiche Butter
2 TL Wasabi-Paste
½ unbehandelte Zitrone
je 1 Prise Salz und Pfeffer
2 Dutzend frische Austern
24 Scheiben Vollkorntoast (4 cm große Kreise ausstechen)
Zitronensaft

Butter mit Wasabi-Paste verrühren. Mit abgeriebener Zitronenschale und 2 TL Zitronensaft sowie je 1 Prise Salz und Pfeffer abschmecken. Toastkreise dünn mit Wasabi-Butter bestreichen und mit je 1 Auster belegen. Mit etwas Zitronensaft beträufeln und mit Pfeffer übermahlen.

Für 24 Stück

Aufbewahrung Im Kühlschrank ist die Butter mehrere Wochen haltbar. Sie eignet sich auch hervorragend, um darin leicht bemehlte Fischfilets in der Pfanne zu braten.

Wachteleier im Kräutermantel

12 Wachteleier, 2–3 EL fein gehackte Kräuter (z. B. Kerbel, Petersilie und Schnittlauch), ½ TL Salz

Wachteleier 5 Min. kochen (Hühnereier 10 Min.), abkühlen lassen und pellen. Kräuter mit Salz vermischen. Eier in der Kräutermischung wälzen, mit einem scharfen Messer halbieren und mit der Schnittfläche nach oben auf einer Platte anrichten.

Variante Eier in Selleriesalz oder Dukkah (orientalische Würzmischung) wälzen.

Für 4 Portionen

Aufbewahrung Mit Schale sind gekochte Eier im Kühlschrank 2–3 Tage haltbar. Nach dem Pellen sollten sie möglichst rasch verzehrt werden, da sie sonst austrocknen.

Grissini mit Rucola und Parmaschinken

20 frische Rucolablätter, 10 Grissini, 10 dünne Scheiben Parmaschinken

Je 2 Rucolablätter mit 1 Scheibe Parmaschinken fest um jede Grissinistange wickeln.

Für 10 Stück

Aufbewahrung 2 Std. vor dem Servieren vorbereiten und kühl stellen.

■ Grissini mit Räucherlachs

Grissini mit Frischkäse bestreichen und Rucolablätter mit hauchdünnen Räucherlachsscheiben um die Stangen wickeln.

Lachsröllchen mit Gurke

4 Eierkuchen (Seite 39), 4 EL Frischkäse (oder Frischkäsedip, Seite 23), 8 Scheiben Räucherlachs, 8 Gurkenviertel oder blanchierte Spargelstangen

Eierkuchen mit Frischkäse bestreichen, jeweils mit 1 Scheibe Räucherlachs belegen und 1 Gurkenviertel oder Spargelstange darauflegen. Eierkuchen fest aufrollen und die Enden mit etwas Frischkäse festkleben. Jede Rolle in 4 Stücke schneiden (pro Portion sollten Sie 2–3 Röllchen rechnen).

Für 4–6 Portionen

Aufbewahrung Die Röllchen können bis zu 12 Std. im Kühlschrank aufbewahrt werden.

Radieschen mit Butter

1 Bund sehr frische Radieschen, 50 g Butter oder Wasabi-Butter (Seite 28)

Radieschen waschen und mit einem Schälchen weicher Butter oder Wasabi-Butter auf einer Platte anrichten.

Für 4 Portionen

Aufbewahrung In einem gut verschlossenen Plastikbeutel oder Behälter bleiben Radieschen im Kühlschrank 2–3 Tage frisch.

Wraps, mal zart ...

Wraps eignen sich hervorragend für einen Wochenend-Brunch und als leichtes Mittag- oder Abendessen. Ich kenne niemanden, der nicht verrückt danach wäre.

50 g dünne Reisnudeln
16–20 große Garnelen, gekocht und gehackt
1 Karotte, geschält und geraspelt
50 g knackige Salatblätter, in feine Streifen geschnitten
1 Bund Koriandergrün oder Minze (oder von beidem je ½ Bund)
10 runde Reispapierblätter

Garnelen-Wraps

Reisnudeln mit kochendem Wasser bedecken und 10 Min. einweichen lassen. Anschließend gut abtropfen lassen und beiseitestellen.
Restliche Zutaten mit Ausnahme des Reispapiers vermischen. Ein sauberes Geschirrtuch nass machen, auswringen und auf der sauberen Arbeitsfläche ausbreiten. Eine Schüssel mit heißem Wasser füllen. Reispapierblätter nacheinander in das Wasser tauchen, bis 2 zählen, Blätter dann sofort herausnehmen, Wasser abschütteln und Blätter auf das feuchte Tuch legen. Nach etwa 1 Minute sind sie geschmeidig.
Einige Reisnudeln und 4 EL Füllung auf das obere Drittel der Reispapierblätter geben. Seiten einschlagen und Papier sehr fest aufrollen. Garnelen-Wraps mit Erdnusssauce (Seite 36) servieren.

Für 4–5 Portionen

Aufbewahrung Wraps können bis zu 6 Std. im Voraus zubereitet werden. Die fertigen Röllchen mit angefeuchtetem Küchenpapier abdecken, fest in Frischhaltefolie einschlagen und kühl stellen.

RICHTIGER UMGANG MIT REISPAPIER

Die südostasiatischen Teigblätter müssen vor dem Gebrauch eingeweicht werden. Die Blätter dazu einzeln kurz in heißes Wasser tauchen oder auf beiden Seiten mit heißem Wasser bepinseln. Nach ein bis zwei Minuten sind die Blätter geschmeidig und können weiterverarbeitet werden. Gefüllte Reispapierblätter sofort servieren oder einfrieren. Wenn Sie den Dreh erst einmal heraushaben, probieren Sie doch Wraps mit anderen Füllungen wie z. B. süßsaurem Schweinefleisch, Hähnchen- oder Entenbrust oder einfach nur mit Salat und Kräutern.

... mal knusprig

Ich frittiere die knusprigen Rollen nicht, sondern backe sie. Das Ergebnis ist nicht minder kross und verlockend. Denken Sie dabei nicht nur an asiatische Frühlingsrollen – die knusprigen Teigblätter lassen sich mit allen möglichen Zutaten füllen. Knusprige Rollen können im Voraus gefüllt und bis zum Backen kühl gestellt werden.

AROMATISCHE WÜRZMISCHUNG
- 2 EL süße Chilisauce
- 2 EL fein geschnittenes Koriandergrün
- 1 EL Fischsauce
- 1 TL frischer Ingwer, fein gerieben
- 1 TL Zitronengras, fein gehackt
- 1 Frühlingszwiebel (nur das fein gehackte Grün)
- 1 Knoblauchzehe, zerdrückt

Knusprige Schweinefleischrollen

- aromatische Würzmischung (s. links)
- 300 g mageres Schweinehackfleisch
- 100 g China- oder Weißkohl, in feine Streifen geschnitten
- 1 Eiweiß
- 15 Teigblätter für Frühlingsrollen
- 4 EL Öl zum Bestreichen

Würzmischung sorgfältig mit Hackfleisch, Kohl und Eiweiß vermengen. 2 EL Füllung auf jedes Teigblatt geben, Enden einschlagen und Blätter wie eine dicke Zigarre fest aufrollen. Rollen mit Öl bepinseln, auf ein mit Backpapier ausgelegtes Backblech legen und max. 4 Std. kalt stellen. Backofen auf 210 °C (Umluft 190 °C) vorheizen und Rollen etwa 20 Min. backen, bis sie knusprig sind.

Für 5–6 Portionen

■ **Knusprige Hähnchenfleischrollen**
Schweinehackfleisch durch 300 g gehacktes Hähnchenfleisch ersetzen.

■ **Knusprige Garnelenrollen**
Fleisch durch 300 g gehackte Garnelen ersetzen.

Mediterrane Gemüserollen

- 150 g Feta, zerkrümelt
- 1 kleine rote Paprikaschote
- 2 EL Basilikumpesto (Seite 16)
- 12–15 Oliven, entsteint
- 1 Eiweiß

Paprikaschote rösten (Seite 13) und fein schneiden. Alle Zutaten vermischen und wie oben beschrieben in Teigblätter für Frühlingsrollen füllen und weiterverarbeiten. Mit Chili-Limetten-Sauce (Seite 36) servieren.

Lachsrollen

- 50 g Lachs
- 1 EL Pesto

Lachs zerkleinern, mit etwas Pesto (oder süßer Chilisauce oder einer anderen Würzsauce) vermengen und wie oben beschrieben in Teigblätter füllen und weiterverarbeiten.

Salsa auf der Zunge

Die besten Gerichte sind oft ganz einfach: ein saftiges Stück gegrilltes oder gebratenes Fleisch oder Fisch mit einem grünen Salat, Kartoffeln oder Brot und dazu eine leckere frische Sauce oder Salsa.

Chili-Limetten-Sauce

- 4 EL süße Chilisauce
- 2 EL frisch gepresster Limettensaft
- 1 EL Fischsauce
- 2 TL fein geschnittene Koriander- oder Minzeblättchen
- 1 Frühlingszwiebel (nur das fein gehackte Grün)

Alle Zutaten miteinander verrühren.

Für etwa 125 ml

Aufbewahrung Im Kühlschrank hält sich die Sauce 2–3 Tage.

Mango-Salsa

- 2 Mangos, fein gewürfelt
- 2 EL süße Chilisauce
- 2 EL frisch gepresster Zitronensaft
- 2 EL frisches Koriandergrün, gehackt

Mangofruchtfleisch zerdrücken oder grob pürieren und mit den restlichen Zutaten vermischen.

Für etwa 700 ml

Aufbewahrung Die Salsa kann bis zu 12 Std. im Kühlschrank aufbewahrt werden.

Erdnusssauce

- 4 EL süße Chilisauce
- 4 EL Erdnussbutter
- 2 EL Erdnüsse, geröstet und gehackt
- 2 EL Limettensaft
- 1 EL Fischsauce
- 1 Frühlingszwiebel, fein gehackt

Alle Zutaten gut miteinander verrühren.

Für etwa 150 ml

Aufbewahrung Die Sauce möglichst innerhalb weniger Stunden verbrauchen, damit die Nüsse schön knusprig bleiben.

WEITERE SAUCEN- UND SALSA-IDEEN

- Guacamole mit Tomate (Seite 122)
- Pikanter Avocado-Dip (Seite 122)
- Salsa verde (Seite 16)
- aromatisierte Mayonnaisen (Seite 18)
- Tapenade (Seite 16)
- Caesar-Dressing (Seite 132)
- Pesto (Seite 16)
- Tomatensalsa (Seite 43)
- Miso-Sauce (Seite 26)
- Soja-Sesam-Dressing (Seite 128)

Pfannkuchen backen

Den vielseitig verwendbaren Pfannkuchenteig sollte jeder Koch in seinem Repertoire haben. Verfeinern Sie ihn nach Belieben und backen Sie ihn im Freien auf dem Grill oder zu Hause in der Pfanne.

Pfannkuchenteig

200 g Mehl
3 TL Backpulver
3 Eier
250 ml kaltes Mineralwasser oder Wasser
½ TL Salz, frisch gemahlener Pfeffer
2–3 EL neutrales Öl (z. B. Traubenkernöl) zum Braten

Mehl, Backpulver, Eier, Wasser, Salz und Pfeffer zu einem glatten Teig verrühren. Teig abdecken und bis zum Backen – max. 4 Std. – in den Kühlschrank stellen. Zutaten Ihrer Wahl unter den Teig heben. Eine schwere Bratpfanne erhitzen und mit Öl ausstreichen. Jeweils 2–3 TL Teig einzeln hineinsetzen und backen. Mini-Pfannkuchen wenden, sobald der Teig Blasen wirft, und auf der anderen Seite backen. Pfanne erneut mit Öl ausstreichen und die nächste Portion Pfannkuchen backen. Den Vorgang wiederholen, bis der Teig aufgebraucht ist. Fertige Pfannkuchen auf ein Kuchengitter legen.

Kräuter-Zitronen-Pfannkuchen mit Ziegenkäse

1 Portion Pfannkuchenteig (s. oben)
1 Handvoll gemischte Kräuter (z. B. Basilikum, Petersilie, Kerbel, Minze), fein geschnitten
4 EL Zitronensaft
abgeriebene Schale von 1 unbehandelten Zitrone
200 g Ziegenfrischkäse
etwas Brunnenkresse zum Garnieren

Pfannkuchenteig herstellen (s. oben) und alle Zutaten mit Ausnahme von Ziegenkäse und Brunnenkresse unterheben. Wie oben beschrieben kleine Pfannkuchen backen. Pfannkuchen mit Ziegenkäse belegen und mit Brunnenkresse garnieren. Mit grünem Salat oder, wenn Sie die Pfannkuchen als Fingerfood reichen, mit kalter Sauce oder Salsa servieren.

Für 24 mittelgroße oder 60 Mini-Pfannkuchen

TIPPS

- Verfeinern Sie Pfannkuchenteig mit weiteren Zutaten.
- Pfannkuchen können im Voraus zubereitet und vor dem Servieren 5 Min. im heißen Backofen aufgewärmt werden.
- Als Fingerfood eignen sich kleine Pfannkuchen am besten.
- Backen Sie Pfannkuchen zunächst in der Pfanne vor (bis sie auf beiden Seiten leicht braun sind) und backen Sie sie dann bei 200 °C (Umluft 180 °C) in einer ofenfesten Form im Backofen etwa 5 Min. fertig.

EIERKUCHEN
Reichern Sie den Pfannkuchenteig mit 180 ml Milch und 2 EL zerlassener Butter an und backen Sie große Pfannkuchen daraus.

... noch mehr Pfannkuchen

Für diese Rezepte Pfannkuchenteig wie auf Seite 39 beschrieben herstellen, weitere Zutaten (s. unten) hinzufügen und Mini-Pfannkuchen backen.

Pfannkuchen mit Mais, Feta und Minze

285 g Maiskörner aus der Dose, abgetropft
100 g Feta, zerkrümelt
2 EL frische, gehackte Minze
Für etwa 60 Mini-Pfannkuchen

Kokospfannkuchen mit Fisch

200 g roher Fisch, gewürfelt
4 EL Kokosflocken
abgeriebene Schale und Saft von ½ unbehandelten Limette
1 Frühlingszwiebel (nur das fein gehackte Grün)
Für etwa 60 Mini-Pfannkuchen

Chilipfannkuchen mit Zucchini und geräucherten Miesmuscheln

200 g geräuchertes Miesmuschelfleisch oder andere verzehrfertige Meeresfrüchte, gehackt
1 Zucchini, geraspelt
4 EL fein geschnittenes Koriandergrün
abgeriebene Schale und Saft von 1 unbehandelten Zitrone
1 fein gehackte rote Chilischote oder ½ TL Chiliflocken
Für etwa 60 Mini-Pfannkuchen

Saure-Sahne-Dip mit Schnittlauch

125 g saure Sahne
abgeriebene Schale und Saft von 1 unbehandelten Zitrone
2 TL Schnittlauchröllchen
Alle Zutaten miteinander verrühren und Sauce zu Pfannkuchen reichen.
Für etwa 150 g

Dipp den Chip

Servieren Sie Tequila oder mixen Sie ein paar erfrischende Mojitos und machen Sie dazu eine große Tüte knuspriger Tortilla-Chips auf. Krönen Sie die Party mit fruchtiger Tomatensalsa, würzigem Bohnendip und sahniger Guacamole (Seite 122).

Nachos mit Kidneybohnen

250–300 g Nachos (Tortilla-Chips)
100 g geriebener Mozzarella
400 g Kidneybohnen aus der Dose, abgetropft
250 ml Tomatensalsa (s. unten)
1 rote Chilischote, fein gehackt
4 EL frisches Koriandergrün
½ TL Salz, Pfeffer
50–80 g Feta, zerkrümelt

Nachos in eine ofenfeste Form geben, mit Mozzarella bestreuen und in der Mikrowelle oder im Backofen erhitzen, bis der Käse zerlaufen ist. Bohnen mit Tomatensalsa, Chili und gehacktem Koriander vermischen und mit Salz und Pfeffer würzen. Feta darüberstreuen, 2–3 Min. unter dem heißen Backofengrill überbacken und sofort servieren.
Dazu können Sie ein Schälchen mit saurer Sahne (250 g) reichen, unter die Sie 2–3 EL süße Chilisauce rühren.

Für 4 Portionen (Snack) oder für 2 Portionen (leichte Mahlzeit)

Würziger Bohnendip

425 g Kidneybohnen aus der Dose, abgetropft
125 g saure Sahne
125 ml Tomatensalsa (s. unten)
2 EL gehacktes Koriandergrün
2 TL gemahlener Kreuzkümmel
1 Knoblauchzehe, zerdrückt
½ TL Salz, Pfeffer

Kidneybohnen etwas zerdrücken und mit restlichen Zutaten vermengen.
Mit Tortilla-Chips oder getoastetem Pita-Brot servieren.

Für 4–6 Portionen

Aufbewahrung Im Kühlschrank einige Tage haltbar.

Tomatensalsa

4 große Tomaten, klein gewürfelt
1 kleine Zwiebel, fein gehackt
1 rote Chilischote, fein gehackt
2 Knoblauchzehen, zerdrückt
4 EL gehacktes Koriandergrün
2 EL Limettensaft
je ½ TL Salz, gemahlener Pfeffer und Zucker

Alle Zutaten verrühren und Sauce vor dem Servieren mind. 30 Min. durchziehen lassen.
Mit Tortilla-Chips und Tequila servieren.

Für 6–8 Portionen

Aufbewahrung Die Salsa im Kühlschrank aufbewahren und innerhalb eines Tages verbrauchen.

Scheibchenweise

Die beste Grundlage für Bruschetta ist ein gutes, kräftiges Sauerteig- oder Landbrot. Bereiten Sie eine Platte mit verschiedenen Bruschette als schnelles Mittagessen vor oder lassen Sie Ihre Gäste selbst wählen, welchen Belag oder Aufstrich sie bevorzugen.

Bruschetta

Ein Sauerteig- oder Landbrot in etwa 5 mm dicke Scheiben schneiden. Brotscheiben mit Olivenöl bepinseln und im Backofen oder auf dem Grill rösten. Bruschette schmecken am besten frisch mit einer Auswahl verschiedener Beläge und Aufstriche.

Beläge und Aufstriche

Tomaten und Mozzarella

Bruschette mit der Schnittfläche einer halbierten Tomate einreiben. Brotscheiben mit Mozzarella- und Tomatenscheiben belegen und mit 1 TL Basilikumöl (Seite 18) oder Pesto beträufeln.

Rucola, Feta und Tapenade

Feta mit der gleichen Menge Frischkäse glattrühren. Jede Bruschetta mit 2 Rucolablättern belegen und mit etwas Käse und Tapenade (Seite 16) garnieren.

Blauschimmelkäse, Birne und Parmaschinken

Bruschette mit Blauschimmelkäse bestreichen und jeweils mit einer frischen Birnenspalte und einer dünnen Scheibe Parmaschinken belegen.

Lachs, Paprika und Kapern

Bruschette mit Frischkäse bestreichen, jeweils mit einer Scheibe Räucherlachs und gerösteter roter Paprikaschote (Seite 13) belegen und mit einigen Kapern garnieren.

Bunte Platten
kreieren

Stellen Sie die folgenden Zutaten nach Belieben auf einer Platte zusammen. Achten Sie auf gute Qualität und den passenden Wein. Die Platten sind jeweils für 6 Portionen berechnet.

Platte Fontainebleau

150 g Salami in Scheiben
150–200 g reifer Ziegenkäse
50 g hauchdünne Scheiben Parmaschinken
2 Äpfel
1 Baguette
1 Packung Roggenknäckebrot

Vegetarische Platte

1 Portion Bohnenpüree mit Minze und Pecorino (Seite 24)
1 Portion Toskanische Artischockencreme (Seite 24)
300 g Spargel, blanchiert
2–3 geröstete rote Paprikaschoten (Seite 13)
2 Baguettes

Caesar-Platte

125 ml Caesar-Dressing (Seite 132)
300 g Spargel oder grüne Bohnen, blanchiert
12 Grissini mit Rucola und Parmaschinken (Seite 30)
10–15 längliche, knusprige Crostini (Seite 24)

Gorgonzola-Platte

250–300 g reifer Gorgonzola
2–3 reife, saftige Birnen
6–8 frische Datteln oder Feigen
1 Baguette

GE =
organised crime
against
evolution

Leichte warme Mahlzeiten

Ein warmes Essen stillt den Hunger besser als die meisten kalten Speisen, weil es uns das wohlige Gefühl gibt, richtig satt geworden zu sein. Man glaubt oft, die Zubereitung einer warmen Mahlzeit erfordere mehr Mühe und Aufwand, als rasch einen Salat zusammenzustellen oder ein Sandwich zu belegen – oder gar in aller Schnelle ein Fertiggericht aus der Dose warm zu machen. Tatsächlich aber bedarf es keiner großen Anstrengung, eine leckere warme Mahlzeit auf den Tisch zu bringen, vorausgesetzt, man geht die Sache richtig an. Dann werden Sie obendrein noch Bewunderung für Ihre Kochkünste ernten. Egal ob Sie nun einen Topf Nudeln kochen, die Sie mit einer schnellen Sauce mischen, oder ein Omelett in der Pfanne backen – das Ergebnis wird alle rundum zufriedenstellen.

Schnell gemischt …
Pastagenüsse

Bei Nudeln kommt es ganz entscheidend auf die Konsistenz an. Gute Nudeln, ob nun aus dem Bioladen oder handgemacht, zerkochen nie, und Röhrennudeln haben zudem häufig noch eine fein gerillte Oberfläche, an der die Sauce schön haften bleibt.

200 g Nudeln
4 EL Toskanische Artischockencreme (Seite 24)
2–3 Scheiben Parmaschinken
50 g Zuckerschoten
2 EL Pinienkerne, geröstet
frisch geriebener Parmesan

Nudeln mit Artischocken, Parmaschinken und Pinienkernen

Nudeln nach Packungsanweisung kochen. Beim Abgießen etwa 4 EL Kochwasser auffangen, mit Artischockencreme verrühren und die Sauce mit den Nudeln vermischen. Knusprig gebratenen Schinken, blanchierte Zuckerschoten und Pinienkerne untermengen und mit Parmesan bestreut servieren.

Für 2 Portionen

200 g Nudeln
1 Handvoll Rucola
60 g Mandeln, geröstet
1 Knoblauchzehe
2 Msp. Chiliflocken
abgeriebene Schale und Saft von ½ unbehandelten Zitrone
½ TL Salz, Pfeffer
1 EL fein geriebener Parmesan

Nudeln mit Rucola-Chili-Pesto

Nudeln nach Packungsanweisung kochen. In der Zwischenzeit Rucola mit Mandeln, Knoblauch, Chili, Zitrone, Salz, Pfeffer und Parmesan kurz in der Küchenmaschine zerkleinern. Beim Abgießen der Nudeln 4 EL Kochwasser auffangen, mit der Rucolamischung verrühren und die Sauce mit den Nudeln vermengen.

Für 2 Portionen

200 g Nudeln
60 g Rucola, gehackt
2 große Tomaten
120 g Feta, zerkrümelt
je 2 EL Kapern und Oliven
1 unbehandelte Zitrone
2 EL Olivenöl

Nudeln mit Tomaten, Feta und Oliven

Nudeln nach Packungsanweisung kochen. Inzwischen Rucola, gewürfelte Tomaten, Feta, Kapern und gehackte Oliven in eine Schüssel geben und mit der abgeriebenen Schale und dem Saft der Zitrone sowie dem Öl vermischen. Nudeln abgießen und mit der Sauce vermengen.

Für 2 Portionen

Alles aus einem Topf

Machen Sie die Garprobe bei Nudeln immer schon 1–2 Minuten vor Ablauf der auf der Packung angegebenen Kochzeit. Wenn möglich (und das funktioniert besonders gut mit flüssigen Saucen wie z. B. Tomatensauce), sollten Sie die Nudeln bereits kurz vor Ende der Garzeit abgießen und in einem Topf in der Sauce fertig garen. Die Nudeln nehmen den Geschmack der Sauce dann besser an.

Zitronennudeln mit Zucchini und Ricotta

200 g Nudeln
2 EL Olivenöl
2 Zucchini, in dünne Scheiben geschnitten
2 Knoblauchzehen, zerdrückt
abgeriebene Schale und Saft von 1 unbehandelten Zitrone
100 g Ricotta, zerkrümelt
3 EL frisch geriebener Parmesan
½ TL Salz, frisch gemahlener Pfeffer
2 EL geröstete Pinienkerne

Nudeln nach Packungsanweisung kochen. 1 EL Öl in einer großen, tiefen Pfanne bei mittlerer Hitze heiß werden lassen. Zucchini und Knoblauch hineingeben und 2–3 Min. leicht anbräunen. Aus der Pfanne nehmen und zur Seite stellen.
Nudeln abgießen und dabei 4 EL Kochwasser auffangen. Nudeln und Kochwasser mit Zitronensaft und -schale sowie dem restlichen Öl in die Pfanne geben. Alles vermischen, Zucchini und restliche Zutaten hinzufügen, gut durchmengen und servieren.

Für 2 Portionen

Zitronennudeln mit Erbsen und Garnelen

200 g Nudeln
125 g Sahne
1 Knoblauchzehe, zerdrückt
2 Tomaten, gewürfelt
½ TL Salz, frisch gemahlener Pfeffer
180–200 g rohe Garnelen, geschält
150 g tiefgefrorene Erbsen
2 EL Zitronensaft
abgeriebene Schale von 1 unbehandelten Zitrone
2 EL fein geschnittene Petersilie

Nudeln nach Packungsanweisung kochen. In einer Kasserolle Sahne mit Knoblauch und Tomaten erhitzen und mit Salz und Pfeffer würzen. 5 Min. köcheln lassen, dann Garnelen, Erbsen, Zitronensaft und -schale hinzufügen. 3–5 Min. köcheln lassen, bis die Garnelen gar und rosa sind. Petersilie untermischen und noch einmal abschmecken. Nudeln mit der Sauce vermengen und servieren.

Für 2 Portionen

AL DENTE

Nudeln, die nicht »al dente« sind, das heißt, die keinen Biss haben, sind wirklich kein Genuss. Getrocknete Nudeln sind in der Regel weniger empfindlich als frische und zerkochen nicht so schnell. Das liegt am hohen Klebergehalt des eiweißreichen Weizenmehls, aus dem sie hergestellt werden. Kaufen Sie deshalb nach Möglichkeit Nudeln aus Hartweizengrieß.

Mit einem Glas Pastasauce …

UND DAZU …
nehmen Sie Zutaten Ihrer Wahl, um eine vollständige Mahlzeit zu erhalten.

TOMATENSAUCE MIT THUNFISCH
500 ml Tomatensauce mit 180–200 g abgetropftem Dosenthunfisch, 60 g entsteinten Oliven, 2 gerösteten und in Streifen geschnittenen roten Paprikaschoten (Seite 13), 2 EL fein geschnittenem Basilikum oder Petersilie, 1 EL Kapern und 1 TL Chiliflocken erhitzen, mit ½ TL Salz und frisch gemahlenem Pfeffer abschmecken und mit 500 g gekochten Nudeln mischen.
Für 4 Portionen

TOMATENSAUCE MIT HÄHNCHENFLEISCH
Eine Tomatensauce wie oben beschrieben zubereiten und dabei den Thunfisch durch 200 g in feine Streifen geschnittene rohe Hähnchenbrust ersetzen. Die Sauce etwa 5 Min. köcheln lassen, bis das Fleisch gar ist.
Für 4 Portionen

Sieht man sich an, wie viel Platz Pastasaucen heute in den Regalen der Supermärkte einnehmen, werden vermutlich viele wie ich der Meinung sein, dass ein Glas Tomatensauce eine praktische Sache ist. Ja, sogar eine sehr praktische, denn man kann sie nicht nur zu Nudeln servieren, sie eignet sich auch hervorragend als Basis für Tomatensuppen (Rezepte ab Seite 87) und Bratensaucen (Seite 166, Brathähnchen). Die Palette der Sorten, die im Handel angeboten werden, ist riesig – Sie müssen nur Ihre Favoriten auswählen. Vor allem die traditionellen Tomatensaucen und solche mit Basilikum lassen sich wunderbar mit den unterschiedlichsten Zutaten kombinieren. 500 ml Pastasauce sind ausreichend für 4–5 Portionen (400–500 g Nudeln; getrocknete Nudeln verdoppeln ihr Gewicht beim Kochen). Wenn die Nudeln nicht in der Sauce »schwimmen« sollen, reduzieren Sie die Menge einfach etwas. Angebrochene Gläser halten sich im Kühlschrank 5–7 Tage. Auch lassen die Saucen sich einfrieren und mehrfach aufwärmen.

Auf asiatische Art

Eine aromatische asiatische Laksa-Sauce liefert die Grundlage für eine ganze Vielzahl köstlicher Nudelgerichte. Die Sauce kann im Voraus zubereitet werden, denn sie ist im Kühlschrank einige Tage haltbar. Ebenso gut kann sie eingefroren werden.

LAKSA-WÜRZMISCHUNG
2 EL neutrales Öl
2 TL frisch geriebener Ingwer
1 TL gemahlene Kurkuma
1 rote Chilischote, entkernt und fein gehackt
2 frische Kaffirlimettenblätter
abgeriebene Schale von 1 unbehandelten Limette
1 EL Fischsauce
1 TL brauner Zucker

TRADITIONELLE LAKSA-SAUCE

Meist enthält Laksa-Sauce vietnamesische Minze und Kukui-Nüsse (in der malayischen und indonesischen Küche verwendete, auch Lichtnuss genannte Früchte), sie schmeckt aber auch ohne diese Zutaten sehr gut. Laksa-Sauce kann mit oder ohne Kokosmilch zubereitet werden. Bei den Varianten ohne Kokosmilch verwendet man Tamarinde für einen pikanten, säuerlichen Geschmack. In der malayischen Laksa-Sauce (s. rechts) kann die Kokosmilch durch 125 ml Tamarindenkonzentrat ersetzt werden.

Malayische Laksa-Sauce

Laksa-Würzmischung (s. links)
400 g Kokoscreme
1 l Fisch- oder Hühnerbrühe
2 Tomaten, entkernt und fein gewürfelt
Salz & frisch gemahlener Pfeffer

Öl erhitzen und Ingwer, Kurkuma und Chili einige Sekunden darin anschwitzen. Restliche Gewürze, Kokoscreme, Brühe und Tomaten hinzufügen und 5 Min. köcheln lassen. Kräftig mit Salz und Pfeffer würzen, Kaffirlimettenblätter entfernen und Sauce abkühlen lassen.
Die Rezeptmenge lässt sich problemlos verdoppeln oder verdreifachen.
Für 4–6 Portionen
Aufbewahrung Die Sauce hält sich einige Tage im Kühlschrank und kann auch eingefroren werden.

Garnelen-Laksa

½ Portion Malayische Laksa-Sauce
6–8 große Garnelen
300 g gekochte Reisnudeln
2 hartgekochte Eier
¼ Salatgurke
1 Handvoll Sojasprossen
4 EL Koriandergrün

Garnelen in die heiße Laksa-Sauce geben und 5 Min. köcheln lassen. Reisnudeln in Portionsschälchen füllen und Sauce darauf verteilen. Mit geviertelten Eiern, gewürfelter Gurke, Sojasprossen und Koriander garnieren und servieren.
Für 2 Portionen

Vegetarisches Laksa

½ Portion Malayische Laksa-Sauce (mit Gemüsebrühe zubereitet)
350 g Gemüse
150 g Tofu, gewürfelt
1 EL Erdnussbutter
2 EL gehackte Erdnüsse

Frisches Gemüse klein schneiden. Mit Ausnahme der Erdnüsse alle Zutaten in die heiße Laksa-Sauce geben und 4–8 Min. köcheln lassen, bis das Gemüse weich ist. Wie Garnelen-Laksa anrichten und mit gehackten Erdnüssen bestreut servieren.
Für 2 Portionen

Pfannengerührtes

CHILI-LIMETTEN-WÜRZMISCHUNG
2 EL neutrales Öl
(z. B. Traubenkernöl)
abgeriebene Schale von
1 unbehandelten Limette
1 fein gehackte rote
Chilischote
1 TL brauner Zucker
2 EL Fischsauce
2 EL Limettensaft

500 g gekochte Nudeln
oder frische asiatische
Eiernudeln
Chili-Limetten-Würzmischung (s. links)
100 g gekochtes
Hähnchenfleisch
50 g Zuckerschoten
125 g Kokoscreme
4 EL fein geschnittene
Minze oder Koriandergrün
2 Frühlingszwiebeln

Chili-Limetten-Hähnchen mit Nudeln

Frische Eiernudeln in ein Sieb geben und unter fließendem kalten Wasser anfeuchten. Anschließend abtropfen lassen, mit der Würzmischung in eine Pfanne geben und bei mittlerer Hitze 1–2 Min. pfannenrühren. Hähnchenfleisch und Zuckerschoten in Streifen und Frühlingszwiebeln in dünne Ringe schneiden. Zusammen mit den restlichen Zutaten in die Pfanne geben. Weitere 2 Min. pfannenrühren, bis alle Zutaten heiß sind.

Für 2 Portionen

Variante Das Ganze mit 350 g blanchiertem Gemüse, z. B. Broccoli, Paprika oder Champignons, und 1 Handvoll Sojasprossen anreichern.

3 EL neutrales Öl
3 Eier
2 TL Fischsauce
2 TL Sojasauce
2 Frühlingszwiebeln,
gehackt
1 Karotte, geschält
und gewürfelt
500 g gekochter Reis
100 g Schinken, gewürfelt
50 g Cashewkerne,
geröstet
150 g Erbsen
100 g Garnelen, Hähnchen-
oder Schweinefleisch,
gekocht und gewürfelt
(nach Belieben)
1 Handvoll Sojasprossen

Gebratener Reis mit Schinken und Cashewkernen

1 EL Öl in einer großen schweren Pfanne erhitzen. Eier kräftig mit Fisch- und Sojasauce verquirlen. Mischung in die Pfanne gießen. Ein Omelett braten und auf einen Teller gleiten lassen. Omelett in Streifen schneiden. Restliches Öl in die Pfanne gießen und Frühlingszwiebel mit Karottenwürfeln 1 Min. darin pfannenrühren. Reis dazugeben und 2 Min. bei mittlerer Hitze braten, ohne zu rühren. Omelett, Schinken, Cashewkerne, Erbsen und Garnelen oder Fleisch hinzufügen und 2–3 Min. pfannenrühren, bis alle Zutaten heiß sind.

Für 2 Portionen

■ **Gebratener Reis mit Tofu**
Schinken weglassen. 100 g Tofu würfeln, mit 2 EL Sojasauce und 1 TL frisch geriebenem Ingwer vermischen und mit Frühlingszwiebeln und Karotte braten.

■ **Gebratener Reis auf thailändische Art**
Schinken durch Hähnchenfleisch ersetzen und Reis zum Schluss mit einem Spiegelei garnieren. Mit Thailändischem Chili-Dressing (Seite 128) und Zitronenschnitzen servieren.

Nur umrühren …

Couscous

Nichts ist einfacher als die Zubereitung eines leckeren Couscous. Sie benötigen lediglich kochendes Wasser oder Brühe und Instant-Couscous, und dann verfeinern Sie das Ganze noch nach Belieben.

250 ml kochendes Wasser
abgeriebene Schale von 1 unbehandelten Zitrone
1 TL Salz
½ TL frisch gemahlener Pfeffer
200 g Couscous

Couscous

Wasser mit Zitronenschale, Salz und Pfeffer in eine Schüssel geben und Couscous einrühren. 10 Min. stehen lassen, anschließend mit einer Gabel auflockern und nach Belieben verfeinern. Couscous kann auch kalt serviert werden.

Für 4 Portionen

Aufbewahrung Couscous ist im Kühlschrank 1–2 Tage haltbar.

1 Pastinake, 1 Süßkartoffel und 250 g Kürbisfleisch, geschält und in Stücke geschnitten
1 rote Paprikaschote, in Stücke geschnitten
2 EL Öl
1 TL Kreuzkümmel
1 Portion Couscous (s. oben)
Salz & frisch gemahlener Pfeffer
2 EL Sesamsamen

Couscous mit geröstetem Gemüse

Gemüse in eine große ofenfeste Form geben. Öl mit Kreuzkümmel verrühren und unter das Gemüse heben. Gemüse gleichmäßig in der Form verteilen und etwa 30 Min. bei 240 °C (Umluft 220 °C) im Backofen garen, bis es weich und goldbraun ist. Couscous mit Gemüse mischen, noch einmal abschmecken und mit Sesamsamen bestreuen.

Für 4 Portionen (leichte Mahlzeit)

1 Portion Couscous (s. oben)
150 g gekochte Kichererbsen
1 geröstete Paprikaschote (Seite 13), in Streifen geschnitten
60 g Mandeln, geröstet
4 EL fein geschnittene Koriander- oder Minzeblättchen
2 EL Zitronensaft

Couscous mit Kichererbsen und Paprika

Alle Zutaten mischen und das Couscous mit Harissa (s. rechts) oder Chermoula-Dressing (Seite 18) servieren.

Für 4 Portionen

HARISSA

2 TL geröstete Korianderkörner und 1 TL gerösteten Kreuzkümmel im Mörser zerstoßen und mit ½ TL Cayennepfeffer mischen. 2 EL Öl in einer Pfanne erhitzen und darin 4 zerdrückte Knoblauchzehen und 2–3 TL Chiliflocken anbraten. Knoblauch mit dem Fruchtfleisch von 2 gerösteten roten Paprikaschoten (Seite 13) und Gewürzen im Mixer zu einem glatten Püree verrühren. Harissa in ein Schraubglas füllen und mit Öl bedeckt im Kühlschrank aufbewahren. Es hält sich 2–3 Wochen.

Für etwa 250 g

Ein Ei aufschlagen

EIER WEICH KOCHEN
Ich habe es am liebsten, wenn das Eiweiß gerade gestockt und das Eigelb schön cremig ist. Dafür lasse ich die zimmerwarmen Eier vorsichtig in einen Topf mit kochendem Wasser gleiten und stelle den Kurzzeitwecker auf 4 Min. ein. Anschließend nehme ich die Eier heraus und lasse sie 1 Min. stehen, bevor ich sie aufschlage. Je länger Sie das Ei vor dem Verzehr stehen lassen, desto fester wird es.

EIER HART KOCHEN
Eier 10 Min. köcheln lassen, abgießen und unter fließendem kalten Wasser abschrecken.

EIER POCHIEREN
Einen Topf (möglichst antihaftbeschichtet) 5–6 cm hoch mit Wasser füllen. Wasser zum Kochen bringen und 1 TL Salz hinzufügen. Ein frisches Ei in eine Tasse schlagen, in das siedende Wasser gleiten lassen (das Ei sollte absolut frisch sein, sonst franst das Eiweiß aus) und bei geringer Hitze köcheln lassen, bis das Eiweiß gestockt ist. Mit einem Schaumlöffel herausheben.

Worauf ich selbst auf der berühmten einsamen Insel nicht verzichten könnte, sind Eier. Ich habe mich einmal gefragt, was ich vielleicht stattdessen mitnehmen würde … Zitronen (für den vielen Fisch) oder – Don Quichote lässt grüßen – Schokolade? In puncto Vielseitigkeit kann es jedoch keine andere Zutat mit dem Ei aufnehmen. Man denke nur an die samtig-seidige Konsistenz, die rohe Eier einer Carbonara oder einer Mayonnaise verleihen, oder aber an ein Baiser, das wohl ewig ein luftiges Geheimnis bleiben wird, und an all die anderen Genüsse, die von gekochten Eiern über Rührei bis zum Spiegelei reichen.
Eier sollten meiner Meinung nach immer ganz frisch sein und vom Biobauern oder wenigstens aus Freilandhaltung stammen. Bei Eiern merkt man den Unterschied nämlich ganz besonders. Wie frisch ein Ei ist, hängt davon ab, wie viel Luft durch die Schale eingedrungen ist. Unmittelbar nach dem Legen befindet sich im Inneren des Eis so gut wie keine Luft. Deshalb sinkt es, wenn man es in eine Schüssel mit kaltem Wasser legt, mit der Spitze voran auf den Boden. Ältere Eier, in die bereits Luft eingedrungen ist, sinken mit der stumpfen Seite nach unten, und wenn das Ei verdorben ist, schwimmt es im Wasser. Eier sollte man stets im Kühlschrank aufbewahren. Benötigen Sie für ein Rezept nur das Eigelb, frieren Sie das Eiweiß in einem Eiswürfelbehälter ein. Sie können es dann noch zum Glasieren von Teigtaschen verwenden. Frisches Eigelb kann mit kaltem Wasser bedeckt einige Tage im Kühlschrank lagern. So können Sie es noch für Lemon-Curd oder Eierrahm, zum Bestreichen von Teig oder für Mayonnaise verwenden.

Omelett im Nu

Ein einfaches Omelett ist immer ein Genuss und macht obendrein satt – genau das Richtige also für ein gemütliches Frühstück im Bett.

2 sehr frische Eier
½ TL Salz, frisch gemahlener Pfeffer
1 EL Butter
2–3 EL frische, gehackte Kräuter (z. B. Kerbel, Petersilie, Basilikum)
1 TL frische Thymianblättchen

Französisches Kräuteromelett

Eier, Salz und Pfeffer leicht mit einer Gabel verquirlen. Butter bei starker Hitze in einer kleinen Pfanne zerlassen. (Nach Geschmack weitere Zutaten, s. unten, kurz anbraten.) Sobald die Butter zu bräunen beginnt, Eier hinzufügen. Eimasse während des Backens mit einer Gabel oder einem Pfannenwender vom Pfannenboden lösen und immer von außen nach innen ziehen, bis alles gestockt ist. Omelett mit Kräutern bestreuen und zusammenfalten. Auf einem Teller anrichten und mit frischen Kräutern garniert servieren.

Für 1 Portion

■ **Käse-Kräuter-Omelett**
2 EL geriebenen Käse unter die Eimasse rühren.

■ **Schinken-Kräuter-Omelett**
50 g Schinkenwürfel in heißer Butter anbraten und Ei darüber stocken lassen.

■ **Tomaten-Kräuter-Omelett**
1 Tomate in Scheiben schneiden, in heißer Butter anbraten und Ei darüber stocken lassen.

■ **Champignon-Omelett**
4 Champignons in Scheiben schneiden, in heißer Butter anbraten und Ei darüber stocken lassen.

Beginnen Sie den Tag …
mit Eiern

Das Wochenende ist eine großartige Gelegenheit, um bei einem gemütlichen Frühstück so richtig auszuspannen. Servieren Sie einen Toast oder ein Sandwich mit Rührei und knusprig gebratenem Frühstücksspeck und dazu ein Glas Prosecco, einen Sekt mit Orangensaft oder eine Bloody Mary und nennen Sie das Ganze Brunch.

Blätterteigbrötchen mit Rührei und Frühstücksspeck

2 Scheiben Frühstücksspeck
etwas Öl
2 Blätterteigbrötchen (Seite 102)
4 Eier
1 EL Sahne (oder Milch)
½ TL Salz, frisch gemahlener Pfeffer
1 EL Butter

Frühstücksspeck in Öl knusprig braten und mit den Blätterteigbrötchen bei 140 °C (Umluft 120 °C) im Backofen warm halten.
Eier leicht mit Sahne, Salz und Pfeffer verquirlen. Butter in einer Pfanne erhitzen. Wenn sie zu knistern beginnt, die Pfanne schwenken, damit sich die Butter über den Boden verteilt. Eier hineingießen und bei mittlerer Hitze stocken lassen. Dabei ständig mit einem Pfannenwender von außen nach innen rühren, bis die Masse vollständig gestockt ist. Sobald das Rührei gestockt, aber noch weich ist, Pfanne vom Herd nehmen. Blätterteigbrötchen waagerecht halbieren, mit Frühstücksspeck und Rührei belegen und sofort servieren.
Für 2 Portionen

GEBRATENE TOMATEN
1 TL braunen Zucker, 1 TL Currypulver, ½ TL Salz und eine ordentliche Prise Pfeffer in einer kleinen Schüssel mischen.
4 Tomaten halbieren und in die Würzmischung tunken. Mit der Schnittfläche nach unten in etwas Butter braten, bis sie weich werden. Gebratene Tomaten passen hervorragend zu einem Frühstück mit Frühstücksspeck und Ei, zu Omeletts und Salaten.
Für 4 Portionen

Omelett Foo Yung

1 EL neutrales Öl
1 TL Sesamöl
1 Handvoll Sojasprossen
8–10 Champignons, in Scheiben geschnitten
2 Frühlingszwiebeln, in Ringe geschnitten
5 Eier
2 TL Fischsauce
1 TL Sojasauce
frisch gemahlener Pfeffer

Beide Öle in einer mittelgroßen Pfanne erhitzen. Gemüse hinzufügen und bei mittlerer Hitze etwa 2 Min. pfannenrühren, bis es weich ist.
Eier mit Fisch- und Sojasauce verquirlen und mit Pfeffer würzen. Eimischung über das Gemüse gießen und bei mittlerer Hitze 5 Min. stocken lassen. Fertiges Omelett unter dem vorgeheizten Backofengrill leicht anbräunen. Wie einen Kuchen aufschneiden und servieren.
Für 2–3 Portionen

Überraschen Sie Gäste ...
mit Eiern

Nehmen Sie frisches Gemüse oder Reste vom Vortag, Räucherlachs, Frühstücksspeck oder was immer Sie mögen. Mischen Sie das Ganze mit Eiern und machen Sie daraus – im Backofen oder in der Pfanne – eine herrliche Frittata.

6–8 große Kartoffeln, gekocht und gewürfelt
250 g Spinat, gekocht und ausgedrückt
150 g Feta, zerkrümelt
1 rote Paprikaschote oder 2 Tomaten, in feine Streifen bzw. Scheiben geschnitten
12 große Eier
1 TL Salz, frisch gemahlener Pfeffer
3 EL frische, gehackte Kräuter (z. B. Petersilie, Basilikum)
100 g geriebener Greyerzer

Frittata mit Kartoffeln, Spinat und Paprika

Backofen auf 200 °C (Umluft 180 °C) vorheizen. Eine Auflaufform (32 x 23 cm) mit Butter einfetten oder mit Backpapier auslegen. Kartoffeln in der Form verteilen, Spinat darübergeben, Feta daraufstreuen und obenauf Paprikastreifen oder Tomatenscheiben legen. Eier, Salz und Pfeffer leicht verquirlen und Kräuter unterrühren. Eimischung über das Gemüse gießen und Greyerzer darüberstreuen. Frittata 50–60 Min. im Backofen backen, bis die Eier gestockt sind und die Frittata goldgelb ist. Warm oder kalt mit einem knackigen grünen Salat servieren.

Für 8 Portionen

Aufbewahrung Zugedeckt kann die Frittata bis zu 24 Std. im Kühlschrank aufbewahrt werden. Servieren Sie sie zimmerwarm oder erhitzen Sie sie noch einmal kurz im Backofen. Zum Einfrieren ist Frittata nicht geeignet.

■ **Frittata mit Spargel und Räucherlachs**
12 Eier mit Salz und Pfeffer verquirlen und mit 200 g dünnen Räucherlachsscheiben, 12–16 gekochten Spargelstangen und abgeriebener Schale von 1 unbehandelten Zitrone mischen.

■ **Sommerliche Frittata**
12 Eier mit Salz und Pfeffer verquirlen und mit 3 EL Basilikumpesto (Seite 16), 2 EL frischer, gehackter Petersilie, 2–3 gewürfelten Zucchini, 150 g Mais, 2 in Ringe geschnittenen Frühlingszwiebeln und 120 g Parmesan vermengen.

PFANNENFRITTATA
Eier in einer großen Rührschüssel mit Salz und Pfeffer verquirlen und restliche Zutaten unterrühren. Öl in einer großen, schweren Pfanne erhitzen und Eimischung bei sehr geringer Hitze backen. Frittata dabei gelegentlich anheben, damit das noch nicht gestockte Ei nach unten laufen kann. Frittata 6–7 Min. braten, bis die Eier leicht gestockt sind. Anschließend unter den vorgeheizten Backofengrill schieben, bis die Oberfläche fest ist. Frittata in der Pfanne abkühlen lassen.

Gefüllte Tortillas

Aus frischen Weizentortillas lassen sich verschiedenste Quesadillas (zusammengeklappte, mit Käse gefüllte Tortillas) und Tacos herstellen. Frieren Sie die Tortillafladen am besten ein, damit Sie jederzeit einen Vorrat haben. Die folgenden Füllungen eignen sich auch gut für Panini, Toasts oder Bagels.

2 frische Tortillafladen
1 EL Tapenade (Seite 16)
1 Tomate, in dünne Scheiben geschnitten
25 g geriebener Cheddar
einige fein geschnittene Basilikumblätter

Tomate, Tapenade und Käse

1 Tortillafladen in eine heiße Pfanne legen, mit Tapenade bestreichen, mit Tomatenscheiben belegen und mit Käse bestreuen. Den zweiten Fladen darauflegen und Quesadilla etwa 1–2 Min. backen, bis sie unten leicht angebräunt ist. Wenden und auf der anderen Seite backen. Quesadilla wie einen Kuchen aufschneiden und mit Basilikum garnieren. Sie können auch nur einen Tortillafladen nehmen, den Sie auf einer Hälfte belegen und dann zusammenklappen.

Für 2 Portionen

■ **Hähnchenbrust, Preiselbeergelee und Brie**

Tortillafladen mit 2 EL Preiselbeergelee bestreichen und mit 4–5 dünnen Scheiben geräucherter Hähnchenbrust sowie 50 g in dünne Scheiben geschnittenem Brie belegen.

■ **Frischkäse, Räucherlachs und Rucola**

Tortillafladen mit 2 EL Frischkäse und 1 EL Pesto bestreichen und mit 4–5 Scheiben Räucherlachs sowie einigen Rucola- oder Spinatblättern belegen.

■ **Entenbrust, Schwarze-Bohnen-Sauce und Frühlingszwiebel**

Tortillafladen mit 1 EL Schwarze-Bohnen-Sauce (Fertigprodukt) bestreichen und mit 50 g gehackter geräucherter Enten- oder Hähnchenbrust und 1 in dünne Ringe geschnittenen Frühlingszwiebel bestreuen.

■ **Mozzarella, Tomate und Basilikum**

50–60 g Mozzarella in Scheiben schneiden und auf der Tortilla verteilen. Mit 1 in dünne Scheiben geschnittenen Tomate und 8–10 Basilikumblättern belegen und mit Salz und Pfeffer würzen.

TORTILLA-WRAPS

Servieren Sie doch einmal einen Teller mit frischen, warmen Tortillafladen und dazu verschiedene Füllungen, sodass sich jeder seine Tortillas nach Lust und Laune belegen kann. Als Füllung empfehle ich: Salatstreifen, Guacamole, saure Sahne, geriebenen Käse, Gurken- und Tomatenscheiben, in Scheiben geschnittene Champignons und eine pikante, warme Hackfleischfüllung.

Suppen

Im Winter serviere ich als Mittagessen besonders gerne eine große Schüssel Bouillabaisse mit frischem Fisch vom Markt, dazu Croûtons und eine Rouille sowie im Anschluss einen grünen Salat mit reifen Birnen, kross gebratenem Parmaschinken und Balsamico-Dressing. Wenn Sie dazu noch etwas knuspriges Brot, eine Käseplatte, frische Früchte der Saison und eine gute Flasche Pinot Gris servieren, haben Sie mit minimalem Aufwand ein wahres Festmahl auf den Tisch gezaubert. Und wenn es besonders schnell gehen soll, können Sie sich die Arbeit ohne weiteres mit Fertigprodukten wie Brühe, Tomatensauce, Kokoscreme, Pesto und anderen Würzpasten erleichtern. Sollten Sie einmal absolut keine Lust zum Kochen haben, nehmen Sie einfach eine gute Fertigsuppe und verfeinern Sie sie mit frischem Gemüse, Kräutern, Meeresfrüchten und Ähnlichem.

Eintopf mit Lauch und geräucherter Hähnchenbrust (Seite 76)

Eintopf satt

Braten Sie zunächst Zwiebeln, Sellerie, Knoblauch und Kräuter in Butter an. Binden Sie das Ganze mit Mehl, Kartoffeln oder einem anderen stärkehaltigen Gemüse, damit die Suppe Substanz bekommt und schön dick wird. Fügen Sie dann die frischen Zutaten und die Brühe hinzu und lassen Sie den Eintopf köcheln, bis alle Zutaten weich sind.

Gemüseeintopf

50 g Butter
1 große Zwiebel, fein gehackt
1 Stange Sellerie, gewürfelt
1 Knoblauchzehe, zerdrückt
2 Kartoffeln, geschält und gewürfelt
2 TL Thymianblättchen
2 Lorbeerblätter
abgeriebene Schale von ½ unbehandelten Zitrone
½ TL Salz, frisch gemahlener Pfeffer
4 EL Mehl
650 ml kräftige Brühe
250 ml Milch

Butter in einem großen Topf erhitzen. Gemüse, Kräuter und Zitronenschale hinzufügen und mit Salz und Pfeffer würzen. Bei geringer Hitze etwa 8 Min. dünsten, bis die Zwiebel weich wird.

Mehl einrühren, Deckel auflegen und 1 Min. bei mittlerer Hitze kochen lassen. Nach und nach Brühe und Milch angießen, aufkochen und 12–15 Min. köcheln lassen, bis die Kartoffeln weich sind.

Nach Belieben weitere Zutaten hinzufügen und so lange köcheln lassen, bis diese gar sind. Noch einmal abschmecken und dann servieren.

Für 4 Portionen

Aufbewahrung Gemüseeintopf ist im Kühlschrank einige Tage haltbar und kann auch eingefroren werden.

Boston Seafood Chowder

1 Portion Gemüseeintopf (s. oben)
400 g Maiskörner aus der Dose, abgetropft
300 g gemischte Meeresfrüchte (frisch oder tiefgefroren)
½ TL Salz, frisch gemahlener Pfeffer
2 EL gehackte Petersilie
2–3 EL Sahne oder saure Sahne

Den fertigen Gemüseeintopf erhitzen. Mais und Meeresfrüchte hinzufügen und etwa 5 Min. köcheln lassen, bis die Meeresfrüchte gar sind. Eventuell nachwürzen. Unmittelbar vor dem Servieren Petersilie und Sahne einrühren.

Für 4 Portionen

… noch mehr Eintöpfe

Mit diesen Zutaten können Sie aus dem Gemüseeintopf von Seite 75 wärmende und sättigende Suppen für kalte Wintertage zaubern.

Eintopf mit Lauch und geräucherter Hähnchenbrust

1 Portion Gemüseeintopf (Seite 75)
1 große Stange Lauch
150 g geräucherte Hähnchenbrust oder Schinken, gewürfelt
2 EL fein geschnittene Petersilie
125 ml Milch oder Sahne

Den fertigen Gemüseeintopf erhitzen. Den Lauch inklusive ⅔ des Grüns in dünne Ringe schneiden und mit der Hähnchenbrust oder dem Schinken 10 Min. im Eintopf köcheln lassen. Petersilie und Milch oder Sahne einrühren und servieren.

Für 4 Portionen

Eintopf mit Hähnchenfleisch und Champignons

1 Portion Gemüseeintopf (Seite 75)
300 g Champignons, in Scheiben geschnitten
250 g Hähnchenfleisch, in feine Streifen geschnitten
2 EL fein geschnittene Petersilie
4 EL Sahne

Den fertigen Gemüseeintopf erhitzen, Pilze und Fleisch hinzufügen und etwa 5 Min. köcheln lassen, bis das Fleisch gar ist. Petersilie und Sahne einrühren und servieren.

Für 4 Portionen

Thailändischer Süßkartoffeleintopf

1 Portion Gemüseeintopf (Seite 75)
2 Süßkartoffeln (300 g), geschält und in 2 cm große Würfel geschnitten
1 TL Kreuzkümmel, gemahlen
2 TL grüne Currypaste (Fertigprodukt)
2 EL fein geschnittenes Koriandergrün zum Garnieren
½ rote Chilischote, fein gehackt (nach Belieben)

Den fertigen Gemüseeintopf erhitzen, Süßkartoffeln und Gewürze hinzufügen und etwa 15 Min. köcheln lassen, bis die Kartoffeln weich sind. Unmittelbar vor dem Servieren Koriander und Chili einrühren.

Für 4 Portionen

CROÛTONS

4 dicke Weißbrotscheiben entrinden. 125 ml Olivenöl extra vergine mit 1 TL zerdrücktem Knoblauch, 2 EL geriebenem Parmesan, 1 TL getrocknetem Oregano und ½ TL Salz verrühren. Brot auf beiden Seiten mit Öl bepinseln und in 2 cm große Würfel schneiden. Brotwürfel auf einem Backblech verteilen und bei 170 °C (Umluft 150 °C) im Backofen etwa 25 Min. rösten, bis sie goldbraun und knusprig sind. Anschließend abkühlen lassen und in einem luftdicht verschlossenen Behälter aufbewahren.

Für etwa 150 g

Aufbewahrung In einem luftdicht verschlossenen Behälter bleiben die Croûtons mehrere Wochen frisch. Wenn sie weich werden, einfach noch einmal 5–10 Min. bei 200 °C (Umluft 180 °C) im Backofen aufbacken.

Suppen – pikant gewürzt

Aus einer duftenden asiatischen Brühe lassen sich herrliche Suppen kreieren: würzige Tom Yum, frische Tom Kar, thailändische Hühner-Nudel-Suppe oder auch Miesmuscheln in Kokos-Chili-Brühe.

WÜRZMISCHUNG FÜR ASIATISCHE BRÜHE
½–1 TL Chiliflocken
abgeriebene Schale von 1 unbehandelten Limette
1 TL fein gehacktes Zitronengras
2 EL Fischsauce
2 Kaffirlimettenblätter (nach Belieben)

Würzige asiatische Brühe

1 Portion Würzmischung für asiatische Brühe (s. links)
1 l kräftige Hühnerbrühe
300 g Strohpilze aus der Dose, abgetropft, oder 6–8 frische kleine Champignons, geviertelt
2 Tomaten, entkernt und gewürfelt

Alle Zutaten in einen Topf geben und 10 Min. köcheln lassen.

Für etwa 1,5 l

Aufbewahrung Die Brühe kann im Kühlschrank aufbewahrt oder eingefroren werden.

Tom Yum mit Meeresfrüchten

1 Portion würzige asiatische Brühe (s. oben)
250 g Garnelen oder andere Meeresfrüchte
4 EL frisch gepresster Limettensaft
4 EL fein geschnittenes Koriandergrün

Die fertige Brühe erhitzen. Garnelen hineingeben und etwa 2–3 Min. köcheln lassen, bis sie gar sind. Limettensaft und Koriander einrühren und servieren.

Für 4 Portionen

Tom Yum mit Hähnchenfleisch

1 Portion würzige asiatische Brühe (s. oben)
150 g Hähnchenfleisch, in sehr feine Streifen geschnitten
4 EL frisch gepresster Limettensaft
4 EL fein geschnittenes Koriandergrün

Die fertige Brühe erhitzen. Fleisch hineingeben und 3–4 Min. köcheln lassen, bis es gar ist. Limettensaft und Koriander einrühren und servieren.

Für 4 Portionen

... noch mehr pikante Suppen

Die würzige asiatische Brühe von Seite 78 eignet sich hervorragend als Grundlage für die folgenden leckeren schnellen Suppen. Sie können dafür aber auch eine fertige asiatische Würzmischung oder -paste verwenden.

1 Portion würzige asiatische Brühe (Seite 78)
150 g Kokoscreme
1 kg frische Miesmuscheln, abgebürstet und gesäubert
4 EL fein geschnittenes Koriandergrün

Miesmuscheln in Kokos-Chili-Brühe

Brühe wie auf Seite 78 beschrieben zubereiten. Kokoscreme und Muscheln hinzufügen, Topf fest verschließen und das Ganze so lange köcheln lassen, bis sich die Muscheln geöffnet haben. Ungeöffnete Muscheln aussortieren und wegwerfen. Koriander einrühren und servieren.

Für 4 Portionen

FERTIGE WÜRZMISCHUNGEN VERFEINERN

Wenn Sie fertige Würzmischungen oder -pasten für die Suppen verwenden, verfeinern Sie sie mit frischen Zutaten wie Limettenschale, Koriandergrün, Minze oder Zitronengras.

1 Portion würzige asiatische Brühe (Seite 78)
150 g Kokoscreme
150 g Hähnchenfleisch, in feine Streifen geschnitten
1 ½ EL Limetten- oder Zitronensaft
4 EL fein geschnittenes Koriandergrün

Tom Kar mit Hähnchenfleisch

Brühe wie auf Seite 78 beschrieben zubereiten. Kokoscreme und Fleisch hinzufügen und 2–4 Min. köcheln lassen, bis das Fleisch gar ist. Limetten- oder Zitronensaft und Koriander einrühren und servieren.

Für 4 Portionen

1 Portion würzige asiatische Brühe (Seite 78)
150 g Kokoscreme
150 g Hähnchenfleisch, in feine Streifen geschnitten
200 g gekochte Nudeln oder frische asiatische Nudeln
1 Handvoll Sojasprossen
4 cm Salatgurke, in dünne Scheiben geschnitten
½ Bund Koriandergrün

Thailändische Hühner-Nudel-Suppe

Brühe wie auf Seite 78 beschrieben zubereiten. Kokoscreme und Fleisch hinzufügen und 3–4 Min. köcheln lassen, bis das Fleisch gar ist. Nudeln auf kleine Suppenschalen verteilen und Brühe darübergießen. Mit Sojasprossen, Gurkenscheiben und Koriandergrün garnieren und servieren.

Für 2 Portionen (Hauptgericht) oder für 4 Portionen (Vorspeise)

Miso – einfach genießen

Als Grundlage für diese schnellen Suppen können Sie Instant-Miso-Suppe verwenden oder Sie bereiten mit der hier vorgestellten Würzmischung selbst eine nahrhafte Brühe zu.

MISO-WÜRZMISCHUNG
2 EL Miso-Paste
2 EL Austernsauce
1 EL Fischsauce
1 EL frisch geriebener Ingwer
1 EL Sojasauce
abgeriebene Schale von ½ unbehandelten Orange
1 TL Sesamöl
1 TL Dashi (nach Belieben)

Miso-Suppe mit Hähnchenfleisch und Nudeln

1 Portion Miso-Würzmischung (s. links)
1 l heißes Wasser
200 g Hähnchenfleisch, in feinen Streifen
2 Köpfe Chinakohl, in Streifen geschnitten
300 g gekochte asiatische Nudeln
frisch gemahlener Pfeffer
2 Frühlingszwiebeln, in dünne Ringe geschnitten

Miso-Würzmischung mit Wasser in einen großen Topf geben und unter vorsichtigem Rühren auflösen. Fleisch und Gemüse hinzufügen, aufkochen und 3–4 Min. kochen lassen. Nudeln einrühren und Suppe noch einmal kurz aufkochen. Suppe mit Pfeffer abschmecken, Frühlingszwiebeln einrühren und servieren.

Für 2 Portionen (Hauptgericht) oder für 4 Portionen (Vorspeise)

Aufbewahrung Die Suppe kann bis zu 24 Std. im Kühlschrank aufbewahrt werden.

■ **Miso-Suppe mit Lachs und Nudeln**
Hähnchenfleisch durch 200 g frischen, in feine Streifen geschnittenen Lachs ersetzen und nach Belieben mit 200 g gewürfeltem Tofu anreichern.

Miso-Suppe mit Tofu und Karotte

1 Portion Miso-Würzmischung (s. links)
1 l Wasser
150–200 g Tofu, gewürfelt
1 große Karotte, in dünne Stifte geschnitten
2 Frühlingszwiebeln, in dünne Stifte geschnitten

Miso-Würzmischung mit Wasser in einen Topf geben und aufkochen lassen. Tofu, Karotte und Frühlingszwiebeln auf zwei Suppenschalen verteilen und mit Brühe übergießen.

Für 4 Portionen

MISO
Miso ist ein unverzichtbares Gewürz, das Suppen, Saucen und Fleischsaft Geschmack und Gehalt verleiht. Im Kühlschrank ist Miso monatelang haltbar.

Köstlicher Käse

Verwendung und Aufbewahrung

In meinem Kühlschrank findet sich eigentlich immer ein Stück Parmesan, Grana padano oder Pecorino, und in der Gefriertruhe habe ich stets einige Beutel mit geriebenem Cheddar und Mozzarella, diese wohlschmeckenden Käse, die man unbedingt braucht, um den Geschmack von Suppen zu heben. Meist finden sich daneben noch kleine Leckerbissen wie zum Beispiel Ziegenkäse oder sahniger Gorgonzola, den ich gerne zum Verfeinern eines Salates verwende oder mit Obst als Dessert serviere. Wenn Sie nicht über eine Speisekammer verfügen, schlagen Sie den Käse in Wachspapier ein und bewahren ihn auf einem Teller in einem luftdicht verschlossenen Behälter auf; legen Sie unter den Teller ein feuchtes Tuch, damit der Käse nicht austrocknet.

Käsereste

Bevor die Käsereste, die sich in Ihrem Kühlschrank angesammelt haben, austrocknen oder schimmeln und Sie sie wegwerfen müssen, reiben Sie sie in der Küchenmaschine, verpacken Sie sie anschließend in Gefrierbeutel und frieren Sie sie ein. (Im Unterschied zu dem Schimmel, der sich auf Brot bildet und krebserregende Stoffe enthält, ist der auf Käse entstehende Schimmel unbedenklich; schimmlige Stellen können einfach weggeschnitten werden.) Es macht gar nichts, wenn Sie verschiedene Käsesorten mischen, denn um den Geschmack von Frittatas, Quesadillas (zusammengeklappten, mit Käse gefüllten Tortillas), Nachos, Nudelaufläufen, Toasts und Pastasaucen zu heben oder sie mit einer zartschmelzenden Kruste zu versehen, sind sie allemal geeignet.

MIT KÄSE KOCHEN

KÄSECRACKER

Die gleiche Menge Mehl, geriebenen Cheddar und Butter miteinander verkneten und mit je 1 Prise Salz und Cayennepfeffer würzen. Teig auf der bemehlten Arbeitsfläche ausrollen, Plätzchen ausstechen und etwa 20 Min. bei 200 °C (Umluft 180 °C) im Backofen goldbraun backen. Cracker in einem luftdicht verschlossenen Behälter aufbewahren.

PARMESANPANADE

Die gleiche Menge Paniermehl und geriebenen Parmesan miteinander mischen. In Streifen geschnittenes Hähnchenfleisch oder Fisch in verquirltem Ei wenden und in der Panade wälzen. In etwas heißer Butter in einer Pfanne braten oder im Backofen rösten.

BLAUSCHIMMEL-KÄSESAUCE

300 g Sahne erhitzen und 100 g zerkrümelten Blauschimmelkäse darin schmelzen. Sauce zu Steaks oder gegrillten Feigen im Parmaschinkenmantel servieren.

Die Tomate macht's

Ob Tomaten-Fertigsuppe oder eines der nachfolgenden Rezepte – sie alle lassen sich im Handumdrehen in herrliche mediterrane Suppen, etwa eine Minestrone, eine herzhafte Bohnensuppe oder eine Bouillabaisse verwandeln.

Tomatensuppe

2 EL Öl
1 große Zwiebel, gehackt, oder 1 große Stange Lauch, längs halbiert und mit ²/₃ des Grüns in dünne Ringe geschnitten
2 Knoblauchzehen, zerdrückt
4 EL Tomatenmark
400 g Tomatenstücke aus der Dose
750 ml Hühner- oder Fischbrühe
2 Lorbeerblätter
je 1 TL Salz und Zucker
frisch gemahlener Pfeffer

Öl in einem Topf erhitzen und Zwiebel oder Lauch mit Knoblauch und Tomatenmark etwa 5 Min. darin anschwitzen, bis die Zwiebel weich wird. Tomatenstücke, Brühe, Lorbeer und Gewürze hinzufügen und 10–15 Min. köcheln lassen.
Vor dem Servieren Lorbeer entfernen.

Für etwa 1,25 l

Aufbewahrung Im Kühlschrank ist die Suppe einige Tage haltbar, Sie können sie aber auch einfrieren.

Fischsuppe à la Bouillabaisse

1 Portion Tomatensuppe (s. oben) oder 1 ¼ l schnelle Tomatensuppe (oben rechts)
250 ml Weißwein
15–20 Safranfäden
3 mittelgroße Kartoffeln, geschält und gewürfelt
je 1 TL Salz und Zucker
frisch gemahlener Pfeffer
600–800 g gemischte Meeresfrüchte, in Stücke geschnitten
12 Garnelen (nach Belieben)

Tomatensuppe mit Weißwein, Safran, Kartoffeln und Gewürzen erhitzen und 10–15 Min. köcheln lassen, bis die Kartoffeln weich sind. Meeresfrüchte in die Suppe geben und 5–7 Min. köcheln lassen, bis sie gar sind. Dabei nicht umrühren.
Zur Fischsuppe reicht man mit Rouille (s. rechts) bestrichene Bruschette.

Für 4 Portionen (leichte Mahlzeit) oder für 6 Portionen (Vorspeise)

SCHNELLE TOMATENSUPPE

500 ml fertige Tomatensauce mit 375 ml Hühnerbrühe und 2 EL fein geschnittenen Kräutern (z. B. Petersilie, Basilikum und Schnittlauch) erhitzen. Die schnelle Tomatensuppe eignet sich als Grundstock für alle Tomatensuppen.

ROUILLE

120 g Mayonnaise mit 2 zerdrückten Knoblauchzehen, ½ TL geräuchertem Paprikapulver (Pimentón) und 2 Msp. Chilipulver verrühren. Wenn Sie Kartoffeln übrig haben, noch 4 EL Kartoffelpüree untermischen.

Für etwa 170 g

Verwenden Sie die Tomatensuppe oder die Schnelle Tomatensuppe (Seite 87) als Grundlage für diese köstlichen Suppen, die gekühlt einige Tage aufbewahrt oder eingefroren werden können.

Minestrone mit Kichererbsen

1 Portion Tomatensuppe oder 1¼ l Schnelle Tomatensuppe (Seite 87)
300 g Kichererbsen aus der Dose, abgetropft
100 g Salami, gewürfelt
2 Zucchini, gewürfelt
150 g Nudeln
250 ml Wasser
1 TL Salz, frisch gemahlener Pfeffer
4 TL Pesto oder gehackte Petersilie
4 EL geriebener Parmesan

Alle Zutaten in einem großen Topf erhitzen und etwa 15 Min. köcheln lassen, bis die Nudeln weich sind. Noch einmal abschmecken, Pesto oder Petersilie und Parmesan einrühren und servieren.

Für 4 Portionen

Variante Ersetzen Sie die Zucchinis durch anderes Gemüse der Saison, z. B. Karotten, Pastinaken, Kürbis oder Zwiebeln.

Marokkanischer Linseneintopf

1 Portion Tomatensuppe oder 1¼ l Schnelle Tomatensuppe (Seite 87)
350 g Linsen
2 Kartoffeln, geschält und gewürfelt
2 TL gemahlener Kreuzkümmel
2 TL gemahlener Koriander
1 TL geräuchertes Paprikapulver (Pimentón)
½ TL Chiliflocken

Alle Zutaten in einen großen Topf geben und 20–25 Min. köcheln lassen, bis Linsen und Kartoffeln weich sind.

Für 4 Portionen

Herzhafte Bohnensuppe mit Chorizo

1 Portion Tomatensuppe oder 1¼ l Schnelle Tomatensuppe (Seite 87)
800 g Kidney- oder weiße Bohnen aus der Dose, abgetropft
200 g Chorizo, gewürfelt
2 TL gemahlener Kreuzkümmel
½ TL Chiliflocken oder 1 kleine rote Chilischote, fein gehackt
4 EL fein geschnittenes Koriandergrün oder Petersilie

Alle Zutaten in einem großen Topf erhitzen und 15 Min. köcheln lassen. Mit Koriandergrün oder Petersilie garnieren und servieren.

Für 4 Portionen

So peppen Sie Fertigsuppen auf

SUPPEN GARNIEREN

KÄSECROÛTONS
Baguettescheiben mit geriebenem Käse bestreuen und unter dem Backofengrill rösten, bis der Käse zerlaufen ist und Blasen wirft. Croûtons auf der Suppe verteilen.

TEIGDECKEL
Suppe in kleine Auflaufformen oder hitzebeständige Tassen füllen. Einen Blätterteigkreis darauflegen und an den Rändern fest andrücken. Teigdeckel etwa 10 Min. bei 220 °C (Umluft 200 °C) im Backofen goldbraun backen.

PESTO UND GERÖSTETE TOMATE
Mediterrane Suppen mit 1–2 EL Pesto verfeinern und mit einer gerösteten Tomate (Seite 116) garnieren.

GREMOLATA
8 EL gehackte Petersilie mit 2 zerdrückten Knoblauchzehen und 2 TL abgeriebener Zitronenschale mischen. Zum Bestreuen von Eintöpfen, Suppen und Schmorgerichten.

Erhitzen Sie die Fertigsuppe zunächst und probieren Sie sie. Könnte sie vielleicht ein bisschen Chili vertragen? Würden ihr Nudeln, Kartoffeln oder Gemüse, Salamiwürfel oder frische Meeresfrüchte mehr Substanz verleihen?
Was fertigen Suppen häufig fehlt, ist Frische oder der besondere Pfiff. Deshalb ist es nun an Ihnen, sie mit frisch gehackten Kräutern wie Koriander, Petersilie, Minze oder Basilikum oder etwas abgeriebener Limetten-, Zitronen- oder Orangenschale aufzupeppen. Ist die Suppe sehr salzig, empfiehlt es sich, sie mit Kartoffeln, Nudeln oder Reis und etwas Wasser oder ungewürzter Brühe anzureichern. Ein ausgewogener Geschmack lässt sich oft aber auch erzielen, wenn man den Saft einer halben Zitrone oder einen Spritzer Balsamico-Essig dazugibt. Schmeckt die Suppe hingegen fade und langweilig, brauchen Sie Gewürze. Mit ein oder zwei Teelöffeln gemahlenen Fenchelsamen, gemahlenem Kreuzkümmel oder Koriander lässt sich der Geschmack im Handumdrehen heben.

Bauen Sie auf Brühe

Halten Sie in der Gefriertruhe oder im Vorratsschrank immer eine Auswahl guter Brühen bereit, aus denen Sie im Nu eine frische, schmackhafte Suppe auf den Tisch zaubern können. Verfeinern Sie die Brühe mit Gewürzen und frischem Gemüse.

Rinderbrühe mit Roter Bete

750 ml Rinderbrühe
1 große Rote Bete, geschält und geraspelt
1 EL Sherry
1 TL Sojasauce

Alle Zutaten in einen Topf geben und 5 Min. köcheln lassen.

Für 2 Portionen

Erbsensuppe mit Minze

750 ml Hühner- oder Gemüsebrühe
200 g tiefgefrorene Erbsen
50 g Ziegenkäse, zerkrümelt
20 fein geschnittene Minzeblätter

Erbsen auftauen lassen und zerdrücken. Alle Zutaten in einen Topf geben und 5 Min. köcheln lassen. Anstelle des Ziegenkäses können Sie auch Blauschimmelkäse verwenden.

Für 2 Portionen

Karottensuppe mit Ingwer

750 ml Hühner- oder Gemüsebrühe
1 große Karotte, geschält und geraspelt
2 TL frisch geriebener Ingwer

Alle Zutaten in einen Topf geben und 5 Min. köcheln lassen.

Für 2 Portionen

Pilzcremesuppe

1 Zwiebel, fein gehackt
500 g Champignons, fein gehackt
375 ml Hühnerbrühe
1 TL gemahlene getrocknete Steinpilze
½ TL Salz, frisch gemahlener Pfeffer
250 ml Béchamelsauce (Seite 160)
1 TL Zitronensaft

Zwiebel und Champignons mit Brühe und Gewürzen in einen Topf geben. Deckel auflegen und Brühe 10 Min. köcheln lassen. Béchamelsauce und Zitronensaft einrühren und servieren.

Für 3–4 Portionen

BRÜHE

Frische oder tiefgefrorene Brühen sind die beste Suppengrundlage und zudem kinderleicht zuzubereiten. 3–4 Hähnchenkarkassen mit einige Zwiebeln, 1 Karotte und einigen Pfefferkörnern 1 Std. in viel Wasser kochen und den Kochsud anschließend durch ein Sieb seihen – schon ist Ihre Brühe fertig. Wenn Sie lieber ein Fertigprodukt nehmen, achten Sie darauf, dass die Brühe nicht zu salzig ist, sonst schmeckt alles, was Sie damit zubereiten, ebenso salzig. Weniger zu empfehlen sind Instantbrühen und Brühwürfel, die alle einen ziemlich einheitlichen Geschmack haben. Wenn Sie vegetarisch essen, nehmen Sie anstelle von Hühner- oder Rinderbrühe eine Gemüsebrühe.

Muscheln …
international

Genau das Richtige, um sich mit guten Freunden am Küchentisch zusammenzusetzen und mal ganz zwanglos mit den Fingern zu essen. Bei den Saucen sind Ihrer Phantasie keine Grenzen gesetzt, denn Muscheln lassen sich mit den unterschiedlichsten Aromen kombinieren. Achten Sie darauf, dass die Muscheln absolut frisch sind.

Muscheln in Tomatenbrühe

24–30 lebende Mies- oder Sandmuscheln, abgebürstet
125 ml Weißwein
500 ml Tomatensauce oder Tomatensuppe (Seite 87)
125 g Sahne
4 EL fein geschnittene Petersilie oder Koriandergrün

Muscheln mit Wein in einen großen Topf geben.
Topf fest verschließen und Muscheln bei starker Hitze kochen, bis sie sich geöffnet haben. Ungeöffnete Muscheln aussortieren und wegwerfen.
In einem weiteren Topf Tomatensauce mit Sahne aufkochen (oder 3 Min. in der Mikrowelle erhitzen) und Petersilie und Kochflüssigkeit der Muscheln einrühren. Brühe auf tiefe Schalen verteilen, Muscheln dazugeben und mit Reis oder Nudeln servieren.

Für 4 Portionen

Würziger Muscheltopf

24–30 lebende Miesmuscheln
2 Stängel Zitronengras, zerdrückt
1 TL grüne Currypaste (Fertigprodukt)
1 TL brauner Zucker
1 EL Fischsauce
4–5 frische, dünne Ingwerscheibchen
2–3 Knoblauchzehen, zerdrückt
1–2 kleine rote Chilischoten
125 ml Reiswein oder fruchtiger Weißwein
250 g Kokoscreme (nach Belieben)

Muscheln abbürsten und mit den restlichen Zutaten in einen großen Topf geben. Topf fest verschließen und das Ganze bei starker Hitze kochen, bis sich die Muscheln geöffnet haben. Ungeöffnete Muscheln aussortieren und wegwerfen, die restlichen Muscheln in einer Servierschüssel anrichten. Gegebenenfalls Kokoscreme unter die Kochflüssigkeit rühren und erhitzen. Sauce durch ein Sieb passieren und über die Muscheln gießen.

Für 4 Portionen

FRISCHE MUSCHELN ZUBEREITEN

Achten Sie darauf, dass die Muscheln absolut frisch sind. Muscheln, die sich nicht schließen, wenn man daraufdrückt oder sie unter fließendes Wasser hält, aussortieren und wegwerfen.
Die Muscheln vor dem Kochen abbürsten und die Bärte entfernen.
Muscheln, die sich nach dem Kochen nicht geöffnet haben, werfen Sie ebenfalls weg. Die Muscheln nach dem Kochen sofort servieren.

Pikante Pies, Tartes und Quiches

Eine Quiche war und ist für mich der absolute Hochgenuss. An zweiter Stelle folgt, wenn auch aus ganz anderen Gründen, ein weiterer Klassiker: eine Pie mit Frühstücksspeck und Ei. Bei der Quiche ist es nicht zuletzt die sinnliche Gaumenfreude, der Kontrast von üppiger zarter Crème fraîche und buttrig-knusprigem Teig. Die Pie mit Frühstücksspeck und Ei hingegen weckt Erinnerungen an zahllose Picknicks und Ausflüge, bei denen sie sich stets als unverwüstliche Begleiterin erwies. Eier halten so manche Piefüllung zusammen, und je mehr man davon verwendet und je höher die Backtemperatur, desto fester wird die Füllung. Ein Teig bietet sich aber beileibe nicht nur für gefüllte Pies an. Man könnte ihn vielmehr mit einer weißen Leinwand vergleichen oder mit einem Pizzaboden, der nur darauf wartet, mit den unterschiedlichsten Zutaten belegt und in den heißen Ofen geschoben zu werden. Schon der Duft, der dem Ofen beim Backen entströmt, versetzt uns in die entspannte Stimmung eines sommerlichen Picknicks.

Auf zum Picknick

Einer Pie wie der, die ich Ihnen hier vorstelle, kann niemand widerstehen. Sie eignet sich nicht nur hervorragend für ein zwangloses Beisammensein, sondern wird auch jeden Picknickausflug unbeschadet überstehen. Sie kann im Voraus zubereitet und vor dem Servieren noch einmal aufgebacken werden.

6 fertige Blätterteigplatten (450 g)
250 g Frühstücksspeck, gewürfelt
4 EL fein geschnittene Kräuter (z. B. Petersilie, Basilikum oder Schnittlauch)
12 Eier
1 TL Salz, frisch gemahlener Pfeffer

Picknick-Pie mit Frühstücksspeck und Ei

Backofen auf 220 °C (Umluft 200 °C) vorheizen. Ein Backblech im Ofen erhitzen. 4 Blätterteigplatten aufeinanderlegen und den Teig mit dem Nudelholz so ausrollen, dass man den Boden und die Wände einer 4–5 cm hohen, etwa 25 x 30 cm großen Form damit auskleiden kann. Frühstücksspeck, Kräuter und gegebenenfalls weitere Zutaten (s. rechts) darauf verteilen. Eier mit einer Gabel leicht verquirlen, mit Salz und Pfeffer würzen und in die Form gießen. Die restlichen Platten ebenfalls leicht ausrollen, in Streifen schneiden und gitterförmig darüberlegen. Teig mit Eirückständen aus der Rührschüssel oder mit etwas Milch bepinseln. Form auf das vorgewärmte Backblech stellen und Pie 10–12 Min. backen, anschließend bei 200 °C (Umluft 180 °C) weitere 40–45 Min. backen, bis der Teig unten durchgebacken und oben goldbraun ist. Heiß oder lauwarm servieren.

Für 6 Portionen

Aufbewahrung Pie schmeckt am besten frisch.

BELEGEN SIE DIE PIE NOCH MIT …

Erbsen, gekochtem Spinat, Tomaten- oder gekochten Kartoffelscheiben. Eier darübergießen und backen.

SPINAT-LACHS-PIE

Teig mit 400 g frischem, in 2 cm große Würfel geschnittenem Lachs belegen, 250 g gekochten, ausgedrückten Spinat darauf verteilen, verquirlte Eier darübergießen und wie im Rezept für Picknick-Pie beschrieben backen.

Andere Füllung
und andere Größe

Aus dem Rezept für die Picknick-Pie (Seite 99) lassen sich auch mehrere kleine Pies herstellen, die Sie statt mit Frühstücksspeck und Ei beispielsweise mit Spinat und Feta, frischem Lachs und Kapern oder Hähnchenfleisch, Brie und Champignons füllen können.

Spinat-Feta-Pies

4 fertige Blätterteigplatten (300 g), dünn ausgerollt
etwas Olivenöl
250 g Spinat, gekocht und ausgedrückt
3 Eier
100 g Feta, zerkrümelt
100 g Frischkäse, cremig gerührt
½ TL Salz, frisch gemahlener Pfeffer
120 g geriebener Mozzarella
2 EL geriebener Parmesan

Backofen auf 220 °C (Umluft 200 °C) vorheizen und ein Backblech im Ofen erhitzen. Teigplatten halbieren. Eine Muffinform mit 8 großen Vertiefungen (9 cm) mit Olivenöl einfetten und die Vertiefungen mit Teig auskleiden. Zutaten für die Füllung vermischen, in die Vertiefungen geben und Käse darüberstreuen. Pies 10–12 Min. backen, anschließend bei 200 °C (Umluft 180 °C) weitere 25–30 Min. backen, bis der Teig unten durchgebacken und oben goldbraun ist. Pies vor dem Servieren 10 Min. abkühlen lassen.

Für 4 Portionen (leichte Mahlzeit) oder für 6–8 Portionen (Fingerfood)

Aufbewahrung Pies schmecken am besten frisch.

Variante Um eine einzelne große Pie zuzubereiten, Zutatenmengen verdoppeln und Backzeit um 10–15 Min. verlängern.

Pie mit Hähnchenfleisch, Spinat und Brie

350 g Mürbeteig (Seite 102), dünn ausgerollt
600 g gekochtes Hähnchenfleisch
250 g Spinat, gekocht und ausgedrückt
250 g saure Sahne
½ TL geriebene Muskatnuss
1 Ei
Salz & Pfeffer
150 g Brie, in dünne Scheiben geschnitten

Backofen auf 220 °C (Umluft 200 °C) vorheizen und ein Backblech im Ofen erhitzen. Eine Springform (22 cm) mit Teig auskleiden. Fleisch in 3–4 cm große Würfel schneiden und auf dem Teig verteilen. Spinat daraufgeben. Saure Sahne mit Muskat, Ei, Salz und Pfeffer verrühren und darübergießen. Pie mit den Briescheiben belegen. Form auf das heiße Backblech stellen und 10–12 Min. backen, anschließend bei 200 °C (Umluft 180 °C) weitere 35–40 Min. backen, bis der Teig unten durchgebacken und oben goldbraun ist. Pie vor dem Servieren 10 Min. abkühlen lassen.

Für 4 Portionen (leichte Mahlzeit)

Greifen Sie zum Nudelholz

TARTES BACKEN
Sie können dafür tiefgekühlten oder fertigen Blätterteig aus dem Kühlregal verwenden. Den Teig dünn ausrollen, in 3 x 6 cm große Rechtecke schneiden, belegen und im vorgeheizten Backofen 10–12 Min. bei 220 °C (Umluft 200 °C) backen. Anschließend bei 190 °C (Umluft 170 °C) weitere 15–20 Min. backen, bis er goldbraun ist.

BRÖTCHEN AUS BLÄTTERTEIG
Ein 24 cm großes Teigquadrat in 6–8 Rechtecke zerteilen. Diese auf ein Backblech legen und nach Belieben mit Teigresten dekorieren. Mit verquirltem Ei bestreichen und im vorgeheizten Backofen 10–12 Min. bei 220 °C (Umluft 200 °C) backen, bis sie aufgegangen sind, anschließend bei 190 °C (Umluft 170 °C) weitere 9–11 Min. backen, bis sie goldbraun sind. Brötchen mit einem scharfen Messer waagerecht aufschneiden, mit heißer oder kalter Füllung belegen und zuklappen.

Tiefkühlteig verarbeiten

Mit einem Vorrat an Blätter- und Mürbeteig im Gefrierschrank können Sie jederzeit im Nu pikante oder süße Tartes auf den Tisch zaubern. Fertigteige sind meist zu dick und sollten daher auf der leicht bemehlten Arbeitsfläche etwa 5 mm dünn ausgerollt werden.

Blindbacken

Blindbacken heißt, einen Boden aus Mürbe- oder anderem Teig für Tartes oder Torten in Form zu backen, damit er später belegt oder gefüllt werden kann. Dazu Boden und Wände einer Backform gleichmäßig mit Teig auskleiden, den Teig mit Backpapier abdecken und mit getrockneten Hülsenfrüchten beschweren. Den Boden im vorgeheizten Backofen etwa 12–15 Min. bei 200 °C (Umluft 180 °C) backen, bis sich das Backpapier abnehmen lässt, ohne am Teig kleben zu bleiben. Anschließend bei 190 °C (Umluft 170 °C) weitere 12–15 Min. goldbraun backen. Boden abkühlen lassen und in einem luftdicht verschlossenen Behälter aufbewahren. Er hält sich so etwa eine Woche. Sollte er weich geworden sein, können Sie ihn im Backofen bei 200 °C (Umluft 180 °C) 5–10 Min. aufbacken.

Mürbeteig

200 g Mehl und 50 g Zucker auf der Arbeitsfläche vermengen. In die Mitte 1 EL Öl, 1 Prise Salz und 110 g Butterflocken geben. Mehl und Fett leicht verkneten. Etwas Wasser hinzufügen, die Masse mit einem Holzlöffel umrühren und mit den Handballen kneten. Teig rasch zu einem Kloß formen und mind. 1 Std. an einem kühlen Ort ruhen lassen.

Nun geht's ans Belegen

Beim Belegen eines Mürbe- oder Blätterteigs sind Ihrer Phantasie keine Grenzen gesetzt. Probieren Sie zum Beispiel einmal Ziegenkäse, Tomatenscheiben und Pesto oder Schinken und Greyerzer. Auch Pizzateig, Weizentortillas und Brotscheiben eignen sich zum Belegen und zum Knusprigbacken.

Champignontartes

1 Blätterteigquadrat (24 cm), in 8 Rechtecke zerteilt
250 g Champignons, in dünne Scheiben geschnitten
1 EL gehackter frischer Estragon oder Basilikum
120 g Mayonnaise
1 EL Zitronensaft
½ TL Salz, frisch gemahlener Pfeffer
2 EL geröstete Pinienkerne

Backofen auf 220 °C (Umluft 200 °C) vorheizen. Zutaten für den Belag gut vermischen. Teigstücke auf ein Backblech legen und Belag darauf verteilen. Tartes etwa 12 Min. backen, bis sie aufgegangen sind, dann bei 190 °C (Umluft 170 °C) weitere 12–15 Min. backen, bis sie unten knusprig sind. Heiß servieren und nach Belieben einen grünen Salat dazu reichen.

Für 8 Stück

Knusprige Champignontartes

1 Blätterteigplatte, in 4 Quadrate zerteilt
4 große Champignons
4 TL Pesto
Saft von ½ Zitrone
Salz & frisch gemahlener Pfeffer
60 g geriebener Greyerzer

Backofen auf 220 °C (Umluft 200 °C) vorheizen. Teigquadrate auf ein Backblech legen. Auf jedes Quadrat 1 Champignon – mit der Hutinnenseite nach oben – legen und den Teig rundherum fest andrücken. Auf jeden Hut 1 TL Pesto geben, mit Zitronensaft beträufeln, mit Salz und Pfeffer würzen und mit Käse bestreuen. Tartes 10 Min. backen, dann bei 190 °C (Umluft 170 °C) weitere 15–20 Min. backen, bis der Teig durchgebacken und oben goldbraun ist. Heiß oder warm servieren.

Für 4 Portionen

Backen Sie mal Quiche

Mag sein, dass die Quiche etwas aus der Mode gekommen ist, aber sie ist einfach unübertrefflich. Quiches können Sie in jeder Größe herstellen, je größer, desto länger die Backzeit. Und achten Sie darauf, dass der Backofen nicht zu heiß ist, damit die Eier cremig bleiben.

26 Mürbeteigböden mit 6 cm Durchmesser oder 12 Mürbeteigböden mit 10–12 cm Durchmesser (Seite 102)
Füllungen (s. rechts)
3 Eigelb
2 Eier
250 g Sahne
2 Msp. geriebene Muskatnuss
1 TL Salz, frisch gemahlener Pfeffer
2 EL Zitronensaft (nach Belieben)

Mini-Quiches

Backofen auf 195 °C (Umluft 175 °C) vorheizen. Mürbeteigböden auf ein Backblech setzen und Füllung (s. rechts) darauf verteilen. Eigelb und Eier mit Sahne und Gewürzen verquirlen und in die Quiches gießen (etwa 1 EL pro Mini-Quiche, bei größeren Quiches etwa 2 EL). Mini-Quiches etwa 13 Min. (größere Quiches etwa 16 Min.) backen, bis die Eiermasse gestockt ist.

Für 26 Stück

Aufbewahrung In einem verschlossenen Behälter können die fertigen Quiches einige Tage im Kühlschrank aufbewahrt werden, sie lassen sich aber auch einfrieren. Die Quiches vor dem Servieren 10 Min. bei 180 °C (Umluft 160 °C) im Backofen erhitzen.

■ Familien Quiche

Eine Füllung Ihrer Wahl herstellen und in einen Mürbeteigboden (Seite 102) gießen. Die Quiche wie oben beschrieben backen, die Backzeit dabei um etwa 10–12 Min. verlängern.

QUICHE-FÜLLUNGEN

QUICHE LORRAINE
100 g fein gewürfelter Kochschinken und 100 g geriebener Greyerzer

SPINATQUICHE
250 g gekochter und ausgedrückter Spinat und 120 g frisch geriebener Parmesan

LACHSQUICHE
450 g frischer Wildlachs und 4 EL frische gehackte Kräuter (z. B. Basilikum, Petersilie, Schnittlauch)

Schnelles Mittagessen

Sie brauchen nur einen Mürbeteigboden (Seite 102) und eine leckere Füllung, und schon ist das Mittagessen fertig.

1 Mürbeteigboden (Seite 102)
250 g aromatisierter Frischkäse (z. B. Kräuterdip, Seite 23)
50 g Rucola
100 g Räucherlachs in Scheiben
2 TL Kapern
2–3 EL frische Kräuter (z. B. Portulak, Schnittlauch)
Saft von ½ Zitrone

Tarte mit Rucola und Räucherlachs

Tarteboden mit Frischkäse bestreichen, Rucola und Lachs darauf verteilen und mit Kapern und Kräutern bestreuen. Mit Zitronensaft beträufeln und servieren.

Für 4–6 Portionen

Variante Als Mini-Tartes zubereiten und als Fingerfood servieren.

200 g karamellisierte Zwiebeln (Seite 138)
1 Mürbeteigboden (Seite 102)
200 g Ziegencamembert oder anderer Ziegenkäse, in Scheiben geschnitten
1 TL frische Thymianblättchen

Ziegenkäsetarte mit karamellisierten Zwiebeln

Backofen auf 200 °C (Umluft 180 °C) vorheizen. Zwiebeln auf dem Teigboden verteilen. Käse darübergeben und mit Thymian bestreuen. Tarte 10 Min. im Backofen erhitzen, bis der Käse weich wird und zu zerlaufen beginnt. Mit einem knackigen grünen Salat servieren.

Für 4 Portionen

Variante Als Mini-Tartes zubereiten und als Fingerfood servieren.

Salate

Was gibt es Besseres zu einem saftigen Hähnchenschnitzel oder einer Frittata als eine Schüssel mit grünem Salat? Variieren Sie nach Lust und Laune und je nach Jahreszeit. Brunnenkresse und Rucola schmecken eher pikant, Buttersalat, Feldsalat und Römischer Salat haben eine süßliche Note, während der Klassiker Eisbergsalat in puncto Knackigkeit nicht zu übertreffen ist. Waschen Sie die Blätter, schleudern Sie sie trocken und bewahren Sie sie in einem Plastikbeutel oder einem luftdicht verschlossenen Behälter im Kühlschrank auf. Wenn die Blätter trocken sind, hält sich frischer Salat bis zu einer Woche. Bereiten Sie das Dressing im Voraus zu und machen Sie den Salat erst unmittelbar vor dem Servieren damit an. Achten Sie darauf, dass die Blätter nur leicht damit überzogen sind und sich das Dressing nicht unten in der Schüssel sammelt, sodass die Blätter darin schwimmen. Für Salate, die als eigenständiges Gericht serviert werden, nehmen Sie frische Blattsalate als Grundlage und kombinieren sie mit weiteren Zutaten und einem guten Dressing. Denken Sie dabei daran: Weniger ist mehr. Mischen Sie also nicht einfach alles, was Ihr Kühlschrank hergibt, in einer Salatschüssel zusammen, schließlich sollte ein guter Salat in Geschmack und Konsistenz ausgewogen sein.

Geschüttelt, nicht gerührt

In Frankreich ist es Sitte, seinen Salat bei Tisch selbst anzumachen. Neben dem Sinn für gutes Essen, den sich die Franzosen über Generationen erworben haben, scheinen sie auch über die Fähigkeit zu verfügen, beim Dressing die perfekte geschmackliche Ausgewogenheit und genau die richtige Dosierung zu treffen.

180 ml Olivenöl extra vergine
4 EL Zitronensaft
3 TL Weinessig
2 TL Dijon-Senf
1 TL Zucker
½ TL Salz, frisch gemahlener Pfeffer
1 Knoblauchzehe, zerdrückt

Zitronen-Senf-Vinaigrette

Alle Zutaten in ein Schraubglas füllen und kräftig schütteln.

Für etwa 250 ml

Aufbewahrung Im Kühlschrank ist das Dressing eine Woche haltbar.

120 ml Olivenöl extra vergine
2 EL Balsamico-Essig
Saft von 1 Zitrone
1 TL brauner Zucker
1 TL Dijon-Senf
½ TL Salz, frisch gemahlener Pfeffer

Balsamico-Dressing

Alle Zutaten kräftig miteinander verrühren oder in einem Schraubglas kräftig schütteln.

Für etwa 160 ml

Aufbewahrung Im Kühlschrank hält sich das Dressing bis zu 10 Tage.

80 ml Walnussöl
2 EL Rotweinessig
½ TL Dijon-Senf
1 Prise Zucker
½ TL Salz, frisch gemahlener Pfeffer

Walnuss-Vinaigrette

Alle Zutaten in ein Schraubglas füllen und kräftig schütteln.

Für etwa 100 ml

Aufbewahrung Im Kühlschrank hält sich das Dressing bis zu 10 Tage.

Es wird angemacht

SPINAT, ROTE BETE, MANDELN UND FETA
120 g Spinat oder Brunnenkresse, 1 frische Rote Bete (geschält, geraspelt und mit 1 EL Olivenöl vermischt), 1 Handvoll geröstete Mandeln und 80 g zerkrümelten Feta mit 4 EL Zitronen-Senf-Vinaigrette (Seite 113) anmachen.

RUCOLA MIT AVOCADO UND FRÜHSTÜCKSSPECK
120 g Rucola, 1 in Scheiben geschnittene Avocado und 3 knusprig gebratene Scheiben Frühstücksspeck mit 4 EL Balsamico-Vinaigrette anmachen und mit 30 g Parmesanspänen bestreuen.

BUTTERSALAT MIT BIRNEN, BLAUSCHIMMELKÄSE UND WALNÜSSEN
1 Buttersalat, 2 in dünne Spalten geschnittene Birnen, 60–80 g zerkrümelten Blauschimmelkäse, 60 g geröstete Walnüsse und 6–8 blanchierte Zuckerschoten mit 4 EL Zitronen-Senf- oder Walnuss-Vinaigrette anmachen.

Klassischer grüner Salat

Eine Schüssel mit einer einfachen Mischung aus frischen Blattsalaten, angemacht mit einem ausgewogenen Dressing, ist ein außerordentlich nahrhafter Genuss. Dabei kommt es vor allem auf das Dressing an, denn es verbindet die einzelnen Zutaten zu einem harmonischen Ganzen. Der Senf dient dazu, die Dressingzutaten zu emulgieren, d. h. sie zu einer homogenen Masse zu verbinden. Verwenden Sie möglichst ganz frische Blattsalate. Waschen Sie die Blätter, schleudern Sie sie in der Salatschleuder trocken und bewahren Sie sie in einem gut verschlossenen Behälter im Kühlschrank auf (oder nehmen Sie notfalls einen Beutel mit einer fertigen Salatmischung). Die Salatblätter unmittelbar vor dem Servieren in eine große Schüssel geben und die Vinaigrette oder ein anderes Dressing nach und nach in kleinen Mengen hinzufügen. Mischen Sie den Salat durch, bis alle Blätter mit dem Dressing überzogen sind, und achten Sie darauf, dass sich am Boden der Schüssel keine Flüssigkeit sammelt. Den Salat sofort servieren.

Ein frischer grüner Salat lässt sich auf die verschiedensten Arten zubereiten. Allerdings sollte man nicht zu viel des Guten tun. Wenn Sie Appetit auf einen etwas gehaltvolleren Salat haben, probieren Sie einmal die Rezeptvorschläge auf der linken Seite. Die Rezepte sind jeweils für 4 Portionen berechnet.

Tomaten mal geröstet

Der intensive, fruchtige Geschmack gerösteter Tomaten passt zu fast allem. Und aus dem Saft lässt sich zudem ein herrliches Dressing herstellen. Verwenden Sie möglichst süße, sonnengereifte Strauchtomaten, schneiden Sie die Stielansätze heraus und entfernen Sie eventuell auch harte oder zähe Stellen.

200 g frischer Mozzarella, in dünne Scheiben geschnitten
2 EL Basilikumöl (Seite 18)
8–12 geröstete Tomaten (s. unten)
Salz & frisch gemahlener Pfeffer

Geröstete Tomaten mit Mozzarella und Basilikumöl

Mozzarella mit Basilikumöl mischen und mit Tomaten auf Tellern anrichten. Mit Tomatensaft beträufeln und mit Salz und Pfeffer abschmecken.

Für 4 Portionen

4 Bruschette
8 TL Feta, cremig gerührt
4 geröstete Tomaten (s. unten)
4 TL Pesto
8–12 Rucolablätter

Bruschetta mit gerösteten Tomaten

Bruschette mit Feta bestreichen, jeweils 1 geröstete Tomate daraufsetzen, mit etwas Pesto beträufeln und mit Rucolablättern garnieren.

Für 4 Stück

600 g Strauchtomaten
2 EL Olivenöl extra vergine
1 EL Balsamico-Essig
1 TL Zucker
½ TL Salz, frisch gemahlener Pfeffer

Geröstete Tomaten

Backofen auf 180 °C (Umluft 160 °C) vorheizen. Ein Backblech mit Backpapier auslegen und Tomaten darauf verteilen. Mit Olivenöl und Balsamico-Essig beträufeln und mit Zucker, Salz und Pfeffer bestreuen. Tomaten rösten, bis die Schale schrumpelig wird (kleine Tomaten benötigen etwa 40 Min., größere etwa 1 Std.). Tomaten lauwarm mit Bratflüssigkeit servieren.

Für 4 Portionen

Aufbewahrung Für einen frischen Salat sollten Sie die Tomaten am selben Tag zubereiten. Sie können aber auch einige Tage im Kühlschrank aufbewahrt werden.

Gemüse als Salat

Ich kann mir keine bessere Art vorstellen, frisches Gemüse der Saison zu genießen, als in Salaten wie diesen. Einfache, mit einem aromatischen Kräuteröl angemachte Salate eignen sich hervorragend als leichte Vorspeise oder kleiner Mittagsimbiss.

Grüne Bohnen, Rote Bete und Mozzarella mit Basilikumöl

400 g grüne Bohnen oder Spargel
abgeriebene Schale von ½ unbehandelten Zitrone
2 EL Olivenöl
1 mittelgroße Rote Bete, geschält und geraspelt
Salz & frisch gemahlener Pfeffer
150 g Mozzarella, in Scheiben geschnitten
4 EL Basilikumöl (Seite 18)
4 EL gehackte Mandeln, geröstet

Bohnen oder Spargel in leicht gesalzenem Wasser 4–5 Min. bissfest garen. Unter fließendem kalten Wasser abschrecken und mit Zitronenschale und 3 EL Olivenöl vermischen. Rote Bete mit restlichem Olivenöl mischen, salzen und pfeffern. Bohnen oder Spargel auf vier Tellern anrichten und Rote Bete darauf verteilen. Mozzarella mit 2 EL Basilikumöl beträufeln und auf dem Gemüse anrichten. Mandeln darüberstreuen und Salat mit restlichem Basilikumöl beträufeln.

Für 4 Portionen (Vorspeise oder leichtes Mittagessen)

Brunnenkresse, Parmaschinken, Birnen und Walnüsse mit Feta

4 EL Olivenöl extra vergine
80 g Parmaschinken, fein gewürfelt
120–150 g Brunnenkresse
120 g Walnüsse, geröstet
2 Birnen, geviertelt, entkernt und in schmale Spalten geschnitten
100 g Feta, gewürfelt
120 ml Basilikumöl (Seite 18) oder anderes Kräuteröl

Olivenöl erhitzen und Schinken darin knusprig braten. Schinkenstückchen abkühlen lassen, mit dem Nudelholz zerstoßen und wieder in das Öl geben. Brunnenkresse, Walnüsse und Birnenspalten mit Schinken-Öl vermischen und auf vier Teller verteilen. Feta mit Basilikumöl vermengen, auf den Tellern verteilen und sofort servieren.

Für 4 Portionen

KOCHWASSER RICHTIG SALZEN

Durch das Salz, das man dem Wasser beim Kochen von Gemüse, Reis oder Nudeln beigibt, wird der Eigengeschmack der Lebensmittel verstärkt. Für Gemüse nehme ich 1 TL Salz auf 1 ½ l Wasser, für Nudeln 1 EL.

GRÜNES GEMÜSE GAREN

Wenn Sie grünes Gemüse wie Broccoli oder Zucchini garen, um es als Beilage zu servieren, geben Sie etwas Wasser, 1 Spritzer Olivenöl und 1 Prise Salz dazu und garen es zugedeckt etwa 4–6 Min.

... noch mehr Salate

Wenn Sie Salat zum Picknick oder zur Grillparty mitbringen wollen, dürfen die Zutaten nicht welk oder matschig werden. Die folgenden Salate eignen sich hervorragend zum Mitnehmen, lassen sich im Nu abwandeln und passen ausgezeichnet zu Meeresfrüchten, Geflügel oder Fleisch.

Maissalat mit Avocado, Tomaten und Basilikumöl

350 g Maiskörner, frisch oder aus der Dose
4 große Tomaten, geviertelt und entkernt
1 große reife Avocado, in Stücke geschnitten
2 EL fein gehackte rote Zwiebeln
2 Frühlingszwiebeln, in dünne Ringe geschnitten
4 EL Basilikumöl (Seite 18)
½ TL Salz, frisch gemahlener Pfeffer

Alle Zutaten miteinander vermischen und den Salat abschmecken. Zu Fleisch oder Geflügel servieren.

Für 4 Portionen

Aufbewahrung Der Salat kann max. 2 Std. im Kühlschrank aufbewahrt werden. Wollen Sie ihn länger lagern, geben Sie die Avocado erst unmittelbar vor dem Servieren dazu. Salat nicht zu kalt servieren.

■ Maissalat mit Hähnchenfleisch

Für ein Hauptgericht schneiden Sie das Fleisch von einem gegrillten Hähnchen oder 2 geräucherten Hähnchenbrustfilets klein und mischen es unter den Salat.

FRISCHER MAIS

Frischen Mais vor der Zubereitung 3 Min. blanchieren, abtropfen lassen und die Körner mit einem scharfen, schweren Messer vom Kolben schneiden.

Griechischer Salat

300 g Cocktailtomaten
1 Salatgurke, in dicke Scheiben geschnitten
2 rote Paprikaschoten, grob gewürfelt
150 g Feta, in Stücke geschnitten
20 Kalamata-Oliven
4 EL Kräuteröl (z. B. Minzöl)
2 EL Zitronensaft
½ TL Salz, frisch gemahlener Pfeffer
1 EL Kapern (nach Belieben)

Alle Zutaten vermischen und den Salat abschmecken. Zu Fleisch, Geflügel, Fisch oder Fladenbrot servieren.

Für 4 Portionen

Nur mit Avocado

Der zarte Schmelz einer reifen Avocado ist eigentlich durch nichts zu übertreffen. Ich bevorzuge die Sorten Hass und Reed. Beide haben ein cremiges, nussiges Fruchtfleisch und sind sehr aromatisch.

Avocado mit Vinaigrette

1 reife Avocado
4 EL Balsamico-Dressing (Seite 113)
geviertelte Cocktailtomaten oder Basilikumblätter

Avocado halbieren und Stein entfernen. Jede Hälfte mit 2 EL Balsamico-Dressing beträufeln und mit Cocktailtomaten oder Basilikumblättern garnieren. In die Vertiefungen kann man auch gekochtes, mit ein wenig Mayonnaise verrührtes Garnelen- oder Krebsfleisch füllen.

Für 2 Portionen

Pikanter Avocado-Dip

1 Bund Petersilie
2 Knoblauchzehen, zerdrückt
2 EL Zitronensaft
1 TL Dijon-Senf
1 reife Avocado
½ TL Salz, frisch gemahlener Pfeffer
250 ml neutrales Öl

Harte Stiele der Petersilie entfernen und Blätter mit Knoblauch, Zitronensaft und Senf im Mixer pürieren. Avocadofruchtfleisch hinzufügen, mit Salz und Pfeffer abschmecken und alles zu einem glatten Püree verrühren. Öl bei laufendem Motor in einem dünnen Strahl angießen, bis der Dip glatt und cremig ist.

Für etwa 500 g

Aufbewahrung Der Dip ist im Kühlschrank 2 Tage haltbar.

Guacamole mit Tomate

2 reife Avocados, gewürfelt
1 große Tomate, fein gewürfelt
¼ Zwiebel, fein gehackt
2 Knoblauchzehen, zerdrückt
1 kleine rote Chilischote, fein gehackt
2 EL fein geschnittenes Koriandergrün
2 EL Limettensaft
2 EL Olivenöl
1 TL Salz, frisch gemahlener Pfeffer

Alle Zutaten miteinander vermengen und dabei zerdrücken. Mit Nachos oder geröstetem Pita-Brot servieren.

Für etwa 500 g

RICHTIGER UMGANG MIT AVOCADOS

Es dauert nur ein oder zwei Tage, und aus einer köstlich cremig-schmelzenden, reifen Avocado wird ein braunes, unappetitliches Etwas. Um festzustellen, ob eine Avocado die richtige Reife hat, sollten Sie die Frucht vorsichtig in der Hand drücken. Sie muss dabei etwas nachgeben. Das Fruchtfleisch sollte eine zartgrüne Farbe haben. Unreife Avocados niemals im Kühlschrank aufbewahren, das Fruchtfleisch wird sonst braun. Auch nach dem Aufschneiden werden Avocados schnell braun, deshalb die Oberfläche mit Zitronensaft beträufeln, damit sich das Fruchtfleisch nicht verfärbt.

Blattsalat mal anders

Die Idee ist so einfach wie lecker: Man nimmt einen Stapel Eisbergsalatblätter und füllt diese je nach Belieben mit Hähnchen- oder Entenfleisch oder einer pikanten Hackfleischmischung mit Ingwer und Sesamöl. Dieser leichte Snack passt zur ungezwungenen Cocktaileinladung ebenso gut wie zum einfachen Mittagessen.

Salaträllchen mit Hackfleisch

300 g gehacktes Schweine- oder Hähnchenfleisch
1 EL süße Chilisauce
1 TL Sesamöl
1 Knoblauchzehe, zerdrückt
2 EL frisch geriebener Ingwer
Öl zum Braten
4 EL Austernsauce
2 EL fein geschnittenes Koriandergrün
2 Frühlingszwiebeln, in sehr dünne Ringe geschnitten
20–30 kleine, knackige Salatblätter

Fleisch mit Chilisauce, Sesamöl, Knoblauch und Ingwer vermengen. Eine große Pfanne leicht mit Öl ausstreichen und das Fleisch unter ständigem Rühren etwa 5 Min. bei starker Hitze anbräunen. Pfanne vom Herd nehmen und das Fleisch abkühlen lassen. Anschließend Austernsauce, Koriandergrün und Frühlingszwiebeln untermengen. Hackmischung in einer Schüssel anrichten und mit Salatblättern servieren. Bei Tisch rollt sich jeder Gast aus Hackmischung und Salat die Röllchen selbst.

Für 4 Portionen (Vorspeise) oder für 2 Portionen (Hauptgericht)

Salatröllchen mit Geflügel

Fleisch von 1 gebratenen Ente oder 2 Hähnchenbrustfilets, in feine Streifen geschnitten
2 EL Austernsauce
2 Frühlingszwiebeln, in dünne Ringe geschnitten
20–30 kleine, knackige Salatblätter

Fleisch mit Austernsauce und Frühlingszwiebeln vermischen und in einer Schüssel anrichten. Salatblätter getrennt dazu reichen, sodass sich jeder Gast aus Salat und Füllung die Röllchen selbst zurechtmachen kann.

Für 4 Portionen

Aufbewahrung Die Füllung sollte max. 12 Std. im Voraus zubereitet und bis zum Servieren im Kühlschrank aufbewahrt werden.

Verwenden Sie gutes Öl

WISSENSWERTES ÜBER FETTE

Fett unterstreicht den Eigengeschmack der Lebensmittel und verleiht ihnen eine angenehme Konsistenz. Ohne Fett schmecken Speisen häufig fade und langweilig (dem kann man allerdings mit Zutaten wie Chilischoten, Zitrusfrüchten, frischen Kräutern und Gewürzen abhelfen). Es spielt keine Rolle, ob Sie Olivenöl, Butter oder Margarine verwenden, der Kaloriengehalt ist im Wesentlichen der gleiche. Fett ist nun einmal fett.

DAS BESTE FETT

Manche Fette sind der Gesundheit zuträglicher als andere. Ihr Körper wird es Ihnen danken, wenn Sie ihm Öle zuführen, die reich an einfach und mehrfach ungesättigten Fettsäuren sind wie z. B. Olivenöl, Avocadoöl oder Reisöl. Er wird es Ihnen aber verübeln, wenn Sie ihm zu viele gesättigte, chemisch hergestellte und gehärtete Fette mit Transfettsäuren zuführen.

Olivenöl

Zum Kochen verwende ich am liebsten kaltgepresstes (natives) Olivenöl, es sei denn, das Öl muss geschmacksneutral sein. Dann greife ich auf Traubenkern- oder Reisöl zurück. Zu asiatischen Gerichten passt Sesamöl sehr gut. Es darf allerdings nicht zu stark erhitzt werden, da es schnell verbrennt. Bei Olivenöl gibt es beträchtliche Geschmacks- und Qualitätsunterschiede. Am besten ist das Öl aus der ersten Pressung. Wenn der Ölsäureanteil unter 0,8 Prozent liegt (und das Öl auch andere geschmackliche und chemische Anforderungen erfüllt), darf dieses Olivenöl die Qualitätsbezeichnung extra vergine tragen. Natives Olivenöl extra hat einen Ölsäuregehalt von unter zwei Prozent. Olivenöl ohne Qualitätsbezeichnung wurde einer chemischen Behandlung unterzogen, um den Säuregehalt zu reduzieren. Verwenden Sie nach Möglichkeit natives Olivenöl extra. Die handelsüblichen Marken sind sehr gut zum Braten und Kochen geeignet. Und gönnen Sie sich den Luxus einer Flasche Olivenöl extra vergine aus Erzeugerabfüllung, mit dem Sie Ihre Speisen vor dem Servieren beträufeln, um ihren Geschmack besonders zur Geltung zu bringen. Lassen Sie aber die Finger von Tresterölen. Sie werden auf chemischem Weg aus den Resten gewonnen, die bei der Pressung der Oliven anfallen, und sind deshalb häufig mit chemischen Rückständen belastet. Machen Sie die Geruchsprobe, um sicherzustellen, dass das Öl nicht ranzig ist, und bewahren Sie es an einem kühlen Ort auf. Kalt gelagertes zähflüssiges Olivenöl wird wieder flüssig, wenn man es erwärmt. Achten Sie darauf, dass das Öl nicht zu stark erhitzt wird und zu rauchen beginnt.

Aus eins mach zwei
Salate …

Mit Hilfe verschiedener Dressings können Salate leicht abgewandelt werden. Im Folgenden finden Sie eine Auswahl asiatischer Salate, die Sie mit Thailändischem Chili-Dressing, Soja-Sesam-Dressing oder Wasabi-Limetten-Mayonnaise (Seite 18) anmachen können. Ebenso eignen sich ein gutes gekauftes asiatisches Dressing.

Rinderfilet mit Salatgarnitur

200 g Rinderfilet, blutig bis rosa gebraten (s. rechts)
100 g Zuckerschoten, in feine Streifen geschnitten
2 Frühlingszwiebeln, in feine Streifen geschnitten
½ rote Zwiebel, in dünne Ringe geschnitten
2 EL Korianderblätter
2 EL Soja-Sesam-Dressing oder Thailändisches Chili-Dressing (s. ganz rechts)

Um Rindfleisch am Stück zu braten, etwas Öl in einer schweren Pfanne erhitzen. Fleisch würzen (erst zum Schluss salzen) und auf beiden Seiten jeweils 1 Min. bei starker Hitze anbraten. Anschließend auf einem Backblech 8–10 Min. bei 220 °C (Umluft 200 °C) im Backofen weiterbraten. Herausnehmen und vor dem Aufschneiden mind. 5 Min. abkühlen lassen.
Fleisch in dünne Scheiben schneiden und auf zwei Tellern anrichten. Gemüse mit Dressing vermischen, auf dem Fleisch verteilen und mit eventuell übrig gebliebenem Dressing beträufeln.
Für 2 Portionen

Hähnchen-Mango-Salat mit Cashewkernen, Zuckerschoten und Sellerie

100 g Zuckerschoten
Fleisch von 1 Hähnchen oder 4 Hähnchenbrustfilets, gebraten oder gekocht und klein geschnitten
2 Mangos, in Scheiben geschnitten
2 Stangen Sellerie, in dünne Scheibchen geschnitten
2 EL geröstete Sesamsamen
60 g geröstete Cashewkerne
125 ml Soja-Sesam-Dressing oder Thailändisches Chili-Dressing (s. ganz rechts)

Alle Zutaten miteinander vermengen und servieren.
Für 4 Portionen

■ **Hähnchen-Mango-Salat mit Chermoula-Dressing**
Salat wie oben beschrieben zubereiten und mit 250 ml Chermoula-Dressing (Seite 18) anmachen.

■ **Hähnchen-Mango-Salat mit Currymayonnaise**
Salat wie oben beschrieben zubereiten, 1 in feine Streifen geschnittene rote Paprikaschote hinzufügen und mit 250 ml Currymayonnaise (Seite 18) anmachen.

ASIATISCHE DRESSINGS

SOJA-SESAM-DRESSING
4 EL neutrales Öl (z. B. Traubenkernöl), 4 EL Reis-Essig, 1 TL fein gehackten Ingwer, 2 TL Sesamöl, 4 TL Sojasauce und ½ TL Zucker in ein Schraubglas geben und kräftig schütteln.
Für etwa 100 ml
Aufbewahrung Im Kühlschrank einige Wochen haltbar.

THAILÄNDISCHES CHILI-DRESSING
4 EL süße Chilisauce, 2 EL Limetten- oder Zitronensaft, 2 EL Fischsauce und abgeriebene Schale von 1 unbehandelten Limette oder Zitrone in ein Schraubglas geben und kräftig schütteln.
Für etwa 80 ml
Aufbewahrung Im Kühlschrank einige Wochen haltbar.

... noch mehr Salate

Nehmen Sie eine einfache Zutat wie Weiß- oder Chinakohl und machen Sie sie mit Soja-Sesam-Dressing oder Thailändischem Chili-Dressing an. Und wie wäre es mit einem knackigen Salat aus Tomate, Zwiebel und Gurke, den Sie mal asiatisch und mal klassisch zubereiten?

Asiatischer Krautsalat

¼ Kohl (Rot-, Weiß- oder Chinakohl oder eine Mischung), in schmale Streifen geschnitten
½ Salatgurke, in Stifte geschnitten
4 EL fein geschnittene Koriander- oder Minzeblätter
1 Handvoll Bohnensprossen
2 Frühlingszwiebeln, in dünne Ringe geschnitten
4 EL geröstete Erdnüsse
2 EL Sesamsamen
80 ml Soja-Sesam-Dressing (Seite 128)

Alle Zutaten bis auf das Dressing miteinander vermischen. Das Dressing unmittelbar vor dem Servieren hinzufügen. Den Salat zu gegrilltem Fleisch servieren.

Für 4 Portionen

Aufbewahrung Ohne Dressing kann der Salat zugedeckt im Kühlschrank aufbewahrt werden.

■ **Krautsalat mit Chili-Dressing**
Krautsalat mit 80 ml Thailändischem Chili-Dressing (Seite 128) anmachen.

■ **Klassischer Krautsalat**
Gurke und Bohnensprossen durch 1 geraspelte Karotte, 1 fein geschnittene Stange Sellerie und 1 fein gewürfelte grüne Paprikaschote ersetzen und den Salat mit 100 g Mayonnaise und 3 TL Zitronensaft anmachen.

THAILÄNDISCHER RINDFLEISCHSALAT
150–200 g blutig bis rosa gebratenes Rindfleisch in dünne Scheiben schneiden und unter den Thailändischen Salat (s. rechts) mischen.

MAROKKANISCHER RINDFLEISCHSALAT
Wie Thailändischen Rindfleischsalat zubereiten und mit 125 ml Chermoula-Dressing (Seite 18) anmachen.

Thailändischer Salat

⅓ Salatgurke, in Stifte geschnitten
1 kleine rote Zwiebel, halbiert und in dünne Ringe geschnitten
2 Frühlingszwiebeln, in dünne Ringe geschnitten
10–12 Cocktailtomaten, halbiert
je 4 EL Minzeblättchen und Koriandergrün
4 EL Thailändisches Chili-Dressing (Seite 128)

Alle Zutaten, bis auf das Dressing, miteinander vermischen und den Salat unmittelbar vor dem Servieren mit dem Dressing anmachen. Zu gegrilltem Fleisch servieren.

Für 2 Portionen

Das Dressing macht's

Im Sommer sind frische, mediterrane Genüsse wie Knoblauch, Basilikum, Oliven, Kapern, Anchovis, Parmesan und Olivenöl genau das Richtige für ein entspanntes Mittagessen oder als abendliche Vorspeise an einem faulen Ferientag. Auch gegen ein gutes Fertigdressing ist nichts einzuwenden.

Grüne-Bohnen-Salat mit Thunfisch und Eier-Oliven-Dressing

200 g grüne Bohnen
1 Dose Thunfisch (220 g)
12–16 Cocktailtomaten
1 hartgekochtes Ei, fein gewürfelt
6 Kalamata-Oliven, entsteint und gehackt
2 EL fein geschnittene glatte Petersilie
2 EL Zitronen-Senf-Vinaigrette (Seite 113)
1 TL Kapern

Bohnen 6–8 Min. kochen und unter fließendem kalten Wasser abschrecken. Auf zwei Tellern anrichten. Abgetropften Thunfisch und Tomaten darauf verteilen. Restliche Zutaten miteinander verrühren und den Salat mit Dressing beträufeln.

Für 2 Portionen

■ **Frischer Thunfischsalat**

Dosenthunfisch durch 300 g frische Thunfischsteaks ersetzen. Thunfisch leicht salzen und pfeffern und auf jeder Seite 1 Min. in der heißen Pfanne anbraten. In dünne Scheiben schneiden und auf dem Salat verteilen.

Caesar-Salat

1 großer Kopf Römischer Salat
12–16 große Crostini (Seite 24)
4 Scheiben Frühstücksspeck
30 g Parmesan
½ Portion Caesar-Dressing (s. rechts)

Gewaschenen und in mundgerechte Stücke zerteilten Salat, Crostini und Frühstücksspeck auf vier Teller verteilen, Parmesan darüberhobeln und den Salat mit Dressing beträufeln.

Für 4 Portionen

Variante Den Salat mit pochierten Eiern, fein geschnittenen Anchovisfilets oder fein geschnittenem gegrillten Hähnchenfleisch anreichern.

CAESAR-DRESSING

2 EL Olivenöl erhitzen. 4 Anchovis und 2 zerdrückte Knoblauchzehen etwa 2–3 Min. bei geringer Hitze darin anbraten, bis die Zutaten ihr Aroma entfalten. Pfanne vom Herd nehmen, 180 g Sahne, 2 EL frisch geriebenen Parmesan und 2 TL Zitronensaft einrühren und pfeffern.

Für etwa 250 ml

Aufbewahrung Im Kühlschrank etwa 4 Tage haltbar.

Verwenden Sie Caesar-Dressing für Caesar-Salat oder zu

■ blanchiertem Spargel oder grünen Bohnen

■ dünnen Scheiben blutig bis rosa gebratenem Rinderfilet mit gerösteten roten Paprikaschoten (Seite 13), Avocadoscheiben und frischem Spinat.

Einfach aufschneiden ...

frischer roher Fisch

Ein wirklich frischer Fisch ist niemals matt, sondern hat eine glänzende Haut und fast durchsichtiges Fleisch. Er sollte auf Druck etwas nachgeben und angenehm nach Meer riechen. Fisch und Meeresfrüchte müssen stets gekühlt werden, damit sie ihre Frische nicht verlieren, denn jede Stunde, die sie bei Zimmertemperatur verbringen, lässt sie um einen Tag altern.

Sashimi

50–60 g sehr frisches Fischfilet ohne Gräten
japanische Sojasauce
Wasabi, Limettenspalten, eingelegter Ingwer

Fischfilet gegen die Faserrichtung in papierdünne Scheiben schneiden und mit Sojasauce, Wasabi, Limettenspalten und eingelegtem Ingwer servieren.

Für 1 Portion

Thunfisch-Carpaccio

250–300 g sehr frisches Thunfischfilet
4 TL Olivenöl
4 TL Kapern
Meersalz & frisch gemahlener Pfeffer
½ Handvoll frische Kräuter (z. B. Basilikum oder Kerbel)
Saft und abgeriebene Schale von 1 unbehandelten Zitrone

Thunfisch mit einem sehr scharfen Messer gegen die Faserrichtung in papierdünne Scheiben schneiden und auf vier Tellern anrichten. Jede Portion mit 1 TL Olivenöl beträufeln und mit 1 TL Kapern, etwas Meersalz und Pfeffer bestreuen. Kräuter, Zitronenschale und etwas Zitronensaft darübergeben. Das Carpaccio kann noch mit Avocadostücken, Frühlingszwiebelringen, gehackten Oliven oder Salatgurke angereichert werden.

Für 4 Portionen

Ceviche

500 g sehr frischer roher Fisch, in hauchdünnen Scheiben
160 ml frisch gepresster Zitronen- oder Limettensaft
2–3 Tomaten, in Scheiben geschnitten
2 Frühlingszwiebeln, in dünne Ringe geschnitten
½ Bund Koriandergrün, gehackt
1 rote Chilischote, fein gehackt
1 TL Salz, frisch gemahlener Pfeffer

Fisch mit Zitronensaft vermischen, abdecken und 2–3 Std. kalt stellen. Flüssigkeit abgießen und restliche Zutaten hinzufügen.

Für 4 Portionen

Für Leib und Seele

Zu den Speisen, die Leib und Seele wohltun, zählen die weich gekochten Eier, in die wir als Kinder Toaststreifen tunkten (das ideale Frühstück an Tagen, an denen man sich am liebsten unter der Bettdecke verkrochen hätte), die leichten Suppen der Großmutter, die Eintöpfe und Pies, die einem auf der Zunge zergehen und im Winter Erkältungen abwehren. Diese Speisen bringen etwas Sonne in den rauen Alltag und schenken uns Wohlbehagen. Wir glauben oft, Gerichte, die eine lange Kochzeit haben, seien zwangsläufig mit aufwendigen Vorbereitungen verbunden. Was dabei aber viel Zeit in Anspruch nimmt, ist allein der Garprozess und nicht das Geschirrspülen. Tatsächlich lassen sich aus einer Hauptzutat auf einfachste Weise die verschiedensten Genüsse zubereiten: Lammkeulen, mal auf marokkanische, mal auf provenzalische Art, oder Hackbraten, mal so, wie Mutter ihn machte, mal asiatisch-scharf. Und wenn man die Reste einfriert, hat man ein schnelles Essen für Zeiten, in denen es wieder einmal hektisch zugeht.

Bratwurst mit Kartoffelpüree, karamellisierten Zwiebeln und Bratensauce

Zwiebeln – ohne Tränen

Nichts ist leichter zuzubereiten als karamellisierte Zwiebeln. Wenn Sie der Gedanke an die vielen Tränen beim Zwiebelschneiden abschreckt, nehmen Sie dabei einfach einen Schluck Wasser (oder Wein) in den Mund – das hilft garantiert.

Karamellisierte Zwiebeln

6 große rote Zwiebeln, geschält und in schmale Spalten geschnitten
375 ml Wasser
4 EL brauner Zucker
4 EL Balsamico-Essig
2 EL Olivenöl
1 TL Salz, frisch gemahlener Pfeffer

Alle Zutaten in einen großen Topf geben, Deckel auflegen und zum Kochen bringen. Bei geringer Hitze 25 Min. köcheln lassen und gelegentlich umrühren. Deckel abnehmen und Zwiebeln weitere 20–25 Min. garen, bis alle Flüssigkeit verdunstet ist und die Zwiebeln sehr weich und dunkel sind.

Für etwa 500 g

Aufbewahrung Karamellisierte Zwiebeln sind im Kühlschrank mehrere Wochen haltbar.

Bratwurst mit Kartoffelpüree, karamellisierten Zwiebeln und Bratensauce

4 Bratwürste
250 g Erbsen
350 g Kartoffelpüree
150 g karamellisierte Zwiebeln (s. oben)
125 ml Bratensauce

Würste in der Pfanne oder im Backofen braten. Erbsen 2 Min. blanchieren und abtropfen lassen. Kartoffelpüree, karamellisierte Zwiebeln und Bratensauce einige Min. erhitzen. Bratwürste mit Erbsen, heißem Kartoffelpüree, Zwiebeln und Sauce servieren.

Für 2 Portionen

SO BLEIBT NICHTS HAFTEN

Wenn das Bratgut am Pfannenboden anzuhaften beginnt, können Sie die Pfanne von eingebrannten Resten befreien, indem Sie 2–3 EL Salz einige Min. in der trockenen Pfanne erhitzen. Reiben Sie die Pfanne anschließend aus und nichts wird mehr haften bleiben.

SERVIEREN SIE KARAMELLISIERTE ZWIEBELN MIT …

ZWIEBELSUPPE
Erhitzen Sie 150 g karamellisierte Zwiebeln mit 500 ml Rinderbrühe als Suppe oder Sauce.

FRITTATA
Verfeinern Sie eine Frittata (Seite 68) mit 2 gerösteten roten Paprikaschoten (Seite 13) und 300 g karamellisierten Zwiebeln.

SIEHE AUCH …
Ziegenkäsetarte mit karamellisierten Zwiebeln (Seite 109)

Das braucht seine Zeit …
zartes Lamm

Festes Muskelfleisch, sei es eine Lammkeule oder Steak, gelingt am besten, wenn es langsam und mit viel Flüssigkeit gegart wird. So kann es alle Aromen aufnehmen und wird saftig-zart.

TOMATENWÜRZMISCHUNG
150 g sonnengetrocknete Tomaten, gehackt
3 Knoblauchzehen, zerdrückt
2 EL Tomatenmark
1 EL Pesto
abgeriebene Schale von 1 unbehandelten Zitrone
je 1 TL Zucker, Salz und Pfeffer

4 Lammkeulen (ca. 1,5 kg)
1 TL Salz
frisch gemahlener Pfeffer
Tomatenwürzmischung (s. links)
500 ml Rinderbrühe
250 ml Weißwein
150 g Chorizo, in Scheiben geschnitten
600 g weiße Bohnen aus der Dose, abgespült und abgetropft
150 g Dicke Bohnen, enthülst und von den Häutchen befreit
150 g Erbsen

Lammkeule mit Bohnen und Chorizo

Backofen auf 240 °C (Umluft 220 °C) vorheizen. Lammkeulen großzügig salzen und pfeffern und nebeneinander in eine große ofenfeste Form oder einen Bräter legen. Keulen etwa 40 Min. im Backofen braten, bis sie leicht gebräunt sind. Fett abschöpfen. (Dieser Zubereitungsschritt ist in allen hier vorgestellten Rezepten der gleiche.) Tomatenwürzmischung, Brühe, Wein, Chorizo und weiße Bohnen hinzufügen. Form fest verschließen und bei 180 °C (Umluft 160 °C) etwa 3 Std. garen, bis das Fleisch weich ist. 10 Min. vor Ende der Garzeit Dicke Bohnen und Erbsen hinzufügen, alles abschmecken und weiter garen, bis das Gemüse weich ist.
Wenn Sie das Gericht im Voraus zubereiten, müssen Sie es aufkochen, ehe Sie das Gemüse dazugeben.
Für 4 Portionen

■ **Lammeintopf mit weißen Bohnen**
800–1000 g mageres Lammfleisch würfeln. Mit den restlichen Zutaten in eine Auflaufform geben, zudecken und 3 Std. bei 180 °C (Umluft 160 °C) im Backofen garen.

AUFGEWÄRMT SCHMECKT'S NOCH BESSER
Fleisch, das langsam gegart werden muss, wird in der Regel noch besser, wenn man es 1–2 Tage im Voraus zubereitet. Das Fleisch nach dem Garen abkühlen lassen und bis zum Aufwärmen kalt stellen. Vor dem Aufwärmen das Fett entfernen, das sich an der Oberfläche abgesetzt hat. 4 Lammkeulen benötigen zum Aufwärmen im Backofen etwa 40 Min. bei 200 °C (Umluft 180 °C).

... noch mehr zartes Lamm

Wie wäre es zur Abwechslung mit einem marokkanischen Lammeintopf? Oder hätten Sie Lust, Ihrem Lamm mit weißen Bohnen, Wurst und Tomaten einen französischen Touch zu geben oder ihm mit Ingwer und Sternanis eine chinesische Note zu verleihen? Das Lamm wird dabei stets so gegart wie auf Seite 140 beschrieben.

MAROKKANISCHE WÜRZMISCHUNG
1 EL Tomatenmark
1 EL fein gehackter Ingwer
3 TL gemahlener Kreuzkümmel
2 TL gemahlener Koriander
1 TL Fenchelsamen
1 TL Salz
½ TL Cayennepfeffer
½ TL schwarzer Pfeffer
abgeriebene Schale von 1 unbehandelten Zitrone
2 Zimtstangen

SOJA-CHILI-WÜRZMISCHUNG
2 EL brauner Zucker
2 EL Sojasauce
1 EL Reisweinessig
4 Sternanis
4 getrocknete Chilischoten
50 g Ingwer, in Scheiben
Schale von ½ unbehandelten Orange, in feine Streifen geschnitten
10 Knoblauchzehen, geschält und halbiert

Marokkanischer Lammtopf mit Zimt und Aprikosen

800–1000 g mageres Lammfleisch, in 3–4 cm große Würfel geschnitten
Marokkanische Würzmischung (s. links)
750 ml Hühnerbrühe
1 Dose Tomaten (400 g)
1 Dose Kichererbsen (300 g), abgespült und abgetropft
225 g getrocknete Aprikosen
4 EL fein geschnittenes Koriandergrün (zum Garnieren)

Backofen auf 180 °C (Umluft 160 °C) vorheizen. Fleisch mit den übrigen Zutaten in eine große Auflaufform geben. Form fest verschließen und Fleisch etwa 3 Std. im Backofen weich garen. Mit Koriander garniert servieren.

Für 4 Portionen

■ **Marokkanische Lammkeulen mit Zimt und Aprikosen**
Lammfleisch durch 4 Lammkeulen ersetzen. Zubereitung wie im Rezept auf Seite 140 beschrieben.

Lammkeule auf asiatische Art

4 Lammkeulen (ca. 1,5 kg)
Soja-Chili-Würzmischung (s. links)
500 ml Tomatensaft
250 ml Wasser

Lammkeulen wie auf Seite 140 beschrieben anbraten. Anschließend die restlichen Zutaten hinzufügen, Form fest verschließen und das Fleisch im Backofen bei 180 °C (Umluft 160 °C) etwa 3 Std. weich garen.

Für 4 Portionen

WÜRZMISCHUNGEN
Kaufen Sie Gewürze immer nur in kleinen Mengen bei einem Händler, bei dem sie nicht lange lagern. Damit sich das Aroma besser entfalten kann, Gewürze vor dem Gebrauch – in der Mikrowelle (30 Sek.) oder in der Pfanne (ohne Fett) – rösten, bis sie ihre ätherischen Öle freisetzen und zu duften beginnen.

Gut gewürzt …

Currys

Die Currysauce kann im Voraus zubereitet und später mit Fleisch, Geflügel, Fisch oder Meeresfrüchten und Gemüse angereichert werden. Bei größeren Mengen können Sie einen Teil einfrieren.

CURRY-WÜRZMISCHUNG
1 EL neutrales Öl
3–4 EL rote Currypaste (Fertigprodukt)
2 EL Tomatenmark
1 EL fein gehackter frischer Ingwer
2 EL Fischsauce
1 EL brauner Zucker
abgeriebene Schale von 1 unbehandelten Limette
2 Kaffirlimettenblätter (nach Belieben)

Rote Currysauce

Curry-Würzmischung (s. links)
400 g Kokoscreme
750 ml Hühnerbrühe
4 Cocktailtomaten
200 g Bambussprossen aus der Dose, abgespült und abgetropft

Für die Würzmischung Öl erhitzen und übrige Zutaten 1–2 Min. bei geringer Hitze darin braten. Kokoscreme, Brühe, gehackte Tomaten und Bambussprossen hinzufügen, aufkochen und bei geringer Hitze 10 Min. köcheln lassen.

Für 6 Portionen

Aufbewahrung Im Kühlschrank ist die Sauce einige Tage haltbar, sie kann aber auch eingefroren werden.

■ **Grüne Currysauce**
Rote Currypaste durch grüne (Fertigprodukt) und Tomatenmark durch 1 EL fein gehacktes Zitronengras ersetzen.

Rotes Rindfleischcurry

1–1,2 kg mageres Rindfleisch, gewürfelt
2 rote Paprikaschoten, in feine Streifen geschnitten
1 Portion rote Currysauce

Fleisch und Paprika in die fertige rote Currysauce geben, zudecken und 2 ½–3 Std. köcheln lassen, bis das Fleisch sehr weich ist.

Für 6 Portionen

■ **Grünes Rindfleischcurry**
Rote Currysauce durch grüne Currysauce (s. oben) und Paprikaschoten durch grüne Bohnen ersetzen.

KOKOSCREME
Bei Kokoscreme und -milch in Dosen gibt es große Qualitätsunterschiede, und auch der Fettgehalt variiert sehr. Schütteln Sie die Dose deshalb vor dem Kauf, um festzustellen, wie dick die Kokoscreme oder -milch ist (je dicker, desto besser). Achten Sie auf das Verfallsdatum. Wegen des hohen Fettgehalts kann Kokoscreme ranzig werden. Angebrochene Kokoscreme können Sie einfrieren oder einige Tage im Kühlschrank aufbewahren.

Currys mit Fleisch und Geflügel bereitet man am besten einen oder zwei Tage im Voraus zu und stellt sie bis zum Servieren in den Kühlschrank. So kann sich das Aroma entfalten und, was noch wichtiger ist, das Fett setzt sich an der Oberfläche ab und lässt sich leicht entfernen.

Gebackenes Entencurry

4–6 Entenviertel
500 ml rote oder grüne Currysauce (Seite 144)
1 Handvoll Basilikumblätter
1 kleine rote Chilischote, fein gehackt

Backofen auf 200 °C (Umluft 180 °C) vorheizen. Entenviertel in eine Auflaufform legen, mit Currysauce übergießen und etwa 40–45 Min. backen, bis sie gar sind. Mit Basilikum und Chili garniert servieren.

Für 4–6 Portionen

Rotes Gemüsecurry

1 kg gemischtes festes Gemüse (z. B. Kartoffeln, Kürbis, Süßkartoffeln, Aubergine)
1 Dose Kichererbsen (300 g), abgespült und abgetropft
1 Portion rote Currysauce (Seite 144)
200 g grünes Gemüse (z. B. Bohnen, Erbsen, Zucchini)
4 EL fein geschnittenes Koriandergrün
4 EL Erdnüsse, geröstet

Festes Gemüse und Kichererbsen in die Currysauce geben und 15 Min. köcheln lassen. Grünes Gemüse hinzufügen, umrühren, Deckel auflegen und etwa 8–10 Min. köcheln, bis sämtliches Gemüse weich ist. Dabei nicht umrühren. Mit Koriander und Erdnüssen garniert servieren.

Für 4 Portionen

■ Grünes Gemüsecurry

Rote Currysauce durch grüne Currysauce ersetzen.

Rotes oder grünes Hähnchencurry

800–1000 g Hähnchenfleisch, gewürfelt
2 große Kartoffeln, geschält und gewürfelt
1 Portion rote oder grüne Currysauce (Seite 144)
2 Frühlingszwiebeln, in dünne Ringe geschnitten
4 EL fein geschnittenes Koriandergrün

Fleisch und Kartoffeln etwa 12–15 Min. bei geringer Hitze in der Currysauce garen. Mit Frühlingszwiebeln und mit Koriander garniert servieren.

Für 6 Portionen

THAILÄNDISCHER REIS

400 g Langkornreis in einem Sieb unter fließendem Wasser waschen. Gut abtropfen lassen und mit 625 ml Wasser und ½ TL Salz in einen Topf geben. Aufkochen und gut umrühren. Topf fest verschließen und Reis bei sehr geringer Hitze 12 Min. garen. Topf vom Herd nehmen und Reis 15 Min. stehen lassen. Deckel dabei nicht abnehmen.

Für 4 Portionen

Klein gehackt, aber oho

Aus ein und demselben Fleischteig können Sie Hackbraten, Hackfleischbällchen oder Frikadellen herstellen. Er eignet sich zudem hervorragend für die verschiedensten Zubereitungsarten, egal ob asiatisch, italienisch oder, ganz klassisch, nach Hausfrauenart.

ASIATISCHE WÜRZMISCHUNG
1 Frühlingszwiebel, fein gehackt
2 Knoblauchzehen, zerdrückt
1 Stück (4 cm) frischer Ingwer, geschält und geraspelt
abgeriebene Schale von 1 unbehandelte Zitrone
4 EL fein geschnittenes Koriandergrün
2 EL Fischsauce
½ TL Salz

ITALIENISCHE WÜRZMISCHUNG
120 g geriebener Parmesan
4 EL fein geschnittene Petersilie
2 EL Korinthen, fein gehackt
2 EL Tomatenketchup
½ TL fein gehackter Rosmarin
½ TL Salz

Asiatische Hackfleischbällchen

Asiatische Würzmischung (s. links)
1 kg mageres Hackfleisch
1 Eiweiß
2 Äpfel, geschält und geraspelt
4 EL süße Chilisauce

Backofen auf 240 °C (Umluft 220 °C) vorheizen. Alle Zutaten in einer Schüssel vermengen. Aus dem Teig mit angefeuchteten Händen walnussgroße Bällchen formen und auf ein mit Backpapier ausgelegtes Backblech legen. Hackfleischbällchen 10–12 Min. im Backofen garen, bis sie leicht gebräunt sind. Mit süßer Chilisauce servieren.

Für 40 Stück

Italienische Hackfleischbällchen

Italienische Würzmischung (s. links)
1 kg mageres Hackfleisch
1 Eiweiß
80 g Semmelbrösel oder altbackenes Brötchen
4 EL Milch

Alle Zutaten miteinander vermengen und wie die asiatischen Hackfleischbällchen (s. oben) weiterverarbeiten.

Hackbraten

Einen Fleischteig wie für die asiatischen oder italienischen Hackfleischbällchen (s. oben) herstellen. Backofen auf 200 °C (Umluft 180 °C) vorheizen und einen Bräter mit Backpapier auslegen. Fleischteig fest in eine Kastenform (25 x 11 cm) drücken und in den Bräter stürzen. Asiatischen Fleischteig großzügig mit Chilisauce, italienischen mit Tomatenketchup bestreichen. Hackbraten etwa 1 Std. im Backofen garen. Er ist fertig, wenn beim Hineinstechen klare Flüssigkeit austritt und er sich beim Drücken elastisch anfühlt.

Für 6–8 Portionen

Aufbewahrung Hackbraten ist im Kühlschrank 3–4 Tage haltbar.

Köcheln Sie eine Hackfleischsauce

Lassen Sie sich das Hackfleisch von Ihrem Metzger frisch durchdrehen anstatt es fertig abgepackt zu kaufen. So können Sie sicher sein, dass Ihr Hackfleisch auch wirklich nur Fleisch enthält und absolut mager ist.

Vielseitige Hackfleischsauce

1 EL Öl
500 g Rinderhackfleisch
2 Knoblauchzehen, zerdrückt
4 EL Tomatenmark
500 ml Tomatensauce
125 ml Rotwein
125 ml Wasser
1 Lorbeerblatt
½ TL Salz, frisch gemahlener Pfeffer
2 EL fein geschnittene Petersilie

Öl in einer großen, tiefen Pfanne erhitzen und Hackfleisch mit Knoblauch und Tomatenmark anbräunen. Fleisch dabei mit einem Pfannenwender zerkrümeln. Restliche Zutaten untermischen und 15 Min. bei geringer Hitze köcheln lassen. Dabei gelegentlich umrühren. Abschmecken und servieren.

Für etwa 1,25 l

Aufbewahrung Im Kühlschrank ist die Sauce 4–5 Tage haltbar, sie kann aber auch eingefroren werden.

Moussaka

1 Portion Hackfleischsauce (s. oben)
1 TL gemahlener Zimt
½ TL geriebene Muskatnuss
1 TL gemahlener Piment
1 große Aubergine, in dünne Scheiben geschnitten
2 Eier
500 ml Béchamelsauce (Seite 160)
60 g geriebener Käse

Backofen auf 200 °C (Umluft 180 °C) vorheizen. Gewürze in die Hackfleischsauce rühren. Die Hälfte der Sauce in eine Auflaufform (etwa 25 x 30 cm) füllen und eine Schicht Auberginenscheiben darauf verteilen. Die restliche Sauce darübergeben und mit einer weiteren Schicht Auberginenscheiben abschließen.
Eier kräftig mit Béchamelsauce verquirlen und über den Auflauf gießen. Mit Käse bestreuen. Moussaka etwa 1 Std. im Backofen backen, bis sie oben goldbraun ist und Blasen wirft und die Auberginen weich sind.

Für 6 Portionen

SCHNELLE MAHLZEITEN MIT HACKFLEISCHSAUCE

ALLA BOLOGNESE
Hackleischsauce mit 100 g schwarzen Oliven erhitzen, mit 500 g gekochten Spaghetti mischen und mit frisch geriebenem Parmesan bestreuen.

EINFACHES CHILI
Hackleischsauce mit 2 TL gemahlenem Kreuzkümmel, 1 TL Chilipulver und 800 g abgetropften Kidneybohnen aus der Dose erhitzen und vor dem Servieren 2 EL fein geschnittenes Koriandergrün einrühren.

... noch mehr Hackfleischsauce

Wenn Sie die Hackfleischsauce von Seite 151 mit weiteren Zutaten verfeinern, können Sie daraus gefüllte Paprikaschoten oder Lasagne, Cottage Pie oder ein scharfes Chili zubereiten. Ein Grund mehr, gleich eine größere Menge davon auf Vorrat zuzubereiten.

Lasagne mit Basilikum

1 Portion Hackfleischsauce (Seite 151)
125 ml Wasser
1 Karotte, geschält und geraspelt
20–30 Basilikumblätter, grob geschnitten
400 g Lasagne-Blätter
750 ml Béchamelsauce (Seite 160)
120 g geriebener Käse

Backofen auf 200 °C (Umluft 180 °C) vorheizen. Hackfleischsauce zubereiten, Wasser, Karotte, Basilikum und Sauce 10 Min. köcheln lassen. Eine Auflaufform mit 1/3 der Lasagneblätter auslegen und die Hälfte der Sauce darauf verteilen. Mit Lasagneblättern belegen, die restliche Sauce daraufgeben und mit einer Schicht Lasagneblätter abschließen. Béchamelsauce darauf verteilen und mit Käse bestreuen.
Lasagne etwa 45 Minuten backen, bis sie goldbraun ist und die Sauce Blasen wirft.

Für 6 Portionen

Cottage Pie

1 Portion Hackfleischsauce (Seite 151)
1 Karotte, geschält und geraspelt
200 g Erbsen
900 g Kartoffelpüree

Backofen auf 220 °C (Umluft 200 °C) vorheizen. Karotte zur Hackfleischsauce geben und 5 Min. köcheln lassen. Erbsen hinzufügen. Sauce in eine Auflaufform (etwa 25 x 30 cm) füllen und Kartoffelpüree darauf verteilen. Cottage Pie etwa 30 Min. im Backofen backen, bis sie oben goldbraun ist und die Sauce Blasen wirft.

Für 6 Portionen+

Gefüllte Paprikaschoten

½ Portion Hackfleischsauce (Seite 151)
100 g gekochter Reis
2 EL fein geschnittene Kräuter
4 TL gemahlener Kreuzkümmel
½ TL Chiliflocken
abgeriebene Schale von 1 unbehandelten Zitrone
4 große rote Paprikaschoten, halbiert und entkernt
80 g Mozzarella
2 EL Pinienkerne

Backofen auf 200 °C (Umluft 180 °C) vorheizen. Sauce mit Reis, Kräutern, Gewürzen und Zitronenschale vermischen und in die Paprikahälften füllen. Paprikahälften etwa 35 Min. backen, bis sie weich sind und die Füllung Blasen wirft. Mit dünnen Mozzarellascheiben belegen, mit Pinienkernen bestreuen und im Backofen weitere 10 Min. überbacken.

Für 4 Portionen

HACKFLEISCH-KARTOFFEL-PIES

Mulden einer Muffinform mit großen Vertiefungen mit Blätterteig auskleiden, zu ¾ mit kalter Hackfleischsauce füllen und darauf eine Schicht Kartoffelpüree geben. Muffinform auf ein vorgeheiztes Backblech stellen und Pies im vorgeheizten Backofen bei 220 °C (Umluft 200 °C) 15 Min. backen. Bei 200 °C (Umluft 180 °C) weitere 25 Min. backen, bis der Teig durchgebacken ist.

Kartoffelgratins

Schichten Sie hauchdünne Kartoffelscheiben mit Milch und Knoblauch in eine Auflaufform und überbacken Sie sie im Ofen. Besonders gut schmeckt es, wenn Sie noch etwas Käse und Sahne hinzufügen.

KARTOFFEL-ZWIEBEL-GRATIN
Kartoffelscheiben abwechselnd mit 2 in dünne Ringe geschnittenen Zwiebeln in eine Auflaufform schichten. Mit Milch übergießen, mit 150 g geriebenem Emmentaler bestreuen und wie im Rezept für Kartoffelgratin (s. rechts) beschrieben überbacken.

TOPINAMBUR-GRATIN
1,2 kg Topinambur-Knollen waschen, schälen und in feine Scheiben schneiden. In eine Auflaufform schichten, mit 125 g Sahne übergießen und wie im Rezept für Kartoffelgratin (s. rechts) beschrieben backen.

6 sehr große Kartoffeln, geschält und in hauchdünne Scheiben geschnitten
4 Knoblauchzehen, zerdrückt
500–625 ml Milch
1 TL Salz, frisch gemahlener Pfeffer
30 g Butter

Kartoffelgratin

Backofen auf 200 °C (Umluft 180 °C) vorheizen. Kartoffelscheiben in eine große, flache Auflaufform schichten und jede Lage mit Knoblauch bestreuen. Milch mit Salz und Pfeffer verrühren und über die Kartoffeln gießen (sie müssen fast bedeckt sein). Gratin mit Butterflöckchen besetzen und etwa 50 Min. backen, bis die Kartoffeln goldbraun und weich sind. Mit knackigem grünen Salat und Parmaschinken, gebratenem Hähnchen oder rotem Fleisch servieren.

Für 6 Portionen

Aufbewahrung Das Gratin kann in der Mikrowelle vorgebacken werden. Die Form dazu abdecken und 12 Min. in die Mikrowelle stellen. Vor dem Servieren 20 Min. im vorgeheizten Backofen bei 220 °C (Umluft 200 °C) fertig backen.

Sahniger Genuss

KARTOFFELPÜREE RICHTIG ZUBEREITEN

- Verwenden Sie mehlig kochende Kartoffeln mit hohem Stärkegehalt, keine festkochenden.

- Kartoffeln schälen und in möglichst gleichgroße Stücke schneiden. Mit kaltem Wasser bedecken, 1 TL Salz hinzufügen und aufkochen lassen.

- Kartoffeln 15–20 Min. bei geringer Hitze garen. Gut abtropfen lassen, zu einem feinen, glatten Püree zerdrücken und nach Belieben verfeinern (Seite 158).

Ich gebe es zu: Ich bin geradezu süchtig nach Kartoffelpüree. Gewiss, es mag schlimmere Laster geben, doch gelegentlich mache ich mir schon Gedanken, ob die viele Butter, die ich dabei zu mir nehme, meinen Arterien schadet. Dabei kann man die Butter (oder das Öl) auch auf ein Minimum reduzieren, und das Püree wird trotzdem vorzüglich. Meine Mutter verwendete stets nur Milch, Salz und weißen Pfeffer, und ihr Kartoffelpüree war immer leicht und luftig.
Einer der vielen Vorzüge von Kartoffelpüree besteht darin, dass man es im Voraus zubereiten und vor dem Servieren wieder aufwärmen kann. Und was noch besser ist: Man kann es auch braten. Wenn Sie also etwas übrig haben, braten Sie es zum Frühstück und servieren es mit Frühstücksspeck und Eiern – einfach himmlisch. Apropos gebratenes Kartoffelpüree, probieren Sie doch einmal dieses einfache Rezept aus: Erhitzen Sie etwas Butter oder Öl in einer schweren Pfanne, geben Sie den kalten Püreerest dazu (und damit das Ganze noch mehr Substanz und Biss bekommt, noch einige übrig gebliebene Rosenkohlröschen, Kohlreste oder in Scheiben geschnittenes Corned Beef), verteilen Sie die Masse in der Pfanne, drücken Sie sie dabei leicht an und – nun kommt der Trick – übergießen Sie sie mit 2 EL Wasser. Damit es nicht spritzt, legen Sie einen Spritzschutz auf die Pfanne. Das Püree etwa 5 Minuten bei mittlerer Hitze knusprig braten, wenden und auf der anderen Seite bräunen. Durch das Wasser bekommt es eine besonders schöne Kruste.

Püree mal anders

Ich bereite immer gleich eine größere Menge Kartoffelpüree zu, denn es hält sich einige Tage im Kühlschrank. Kartoffelpüree eignet sich gut zum schnellen Andicken von Suppen, man kann aber auch Pies damit überziehen oder es mit anderen Zutaten verfeinern und überbacken.

Sahniges Kartoffelpüree

5 große Kartoffeln, geschält und in 3–4 cm große Stücke geschnitten
2 EL Butter
4 EL Milch
½ TL Salz, weißer Pfeffer

Kartoffeln in Salzwasser garen und gut abtropfen lassen. 1–2 Min. auf die heiße Herdplatte stellen und ausdampfen lassen. Kartoffeln zerdrücken. Butter und Milch erhitzen, Kartoffeln hinzufügen und mit Salz und Pfeffer würzen. Das Ganze zu einem glatten, cremigen Püree verrühren. Gegebenenfalls noch etwas Milch hinzufügen.

Für 4 Portionen

Kartoffelkuchen mit Lachs

600 g Kartoffelpüree
150 g frischer Lachs, klein geschnitten
50 g Feta, zerkrümelt
1 EL gehackter Dill
1 Ei
abgeriebene Schale von ½ unbehandelten Zitrone
½ TL Salz, Pfeffer
1 leicht verquirltes Ei

Backofen auf 240 °C (Umluft 220 °C) vorheizen. Alle Zutaten mit Ausnahme des Eis vermengen. Aus der Masse 6–8 große Kugeln formen, auf ein mit Backpapier ausgelegtes Backblech legen und leicht flach drücken. Mit Ei bestreichen und 15 Min. backen.

Für 1–2 Portionen

■ **Kartoffelkuchen mit Corned Beef**
Lachs durch 150 g zerkleinertes Corned Beef und Dill durch Petersilie ersetzen.

Kartoffelpie mit Räucherfisch

250–300 g Räucherfisch ohne Haut und Gräten, in kleine Stücke gezupft
2 hartgekochte Eier, geviertelt
1 Stange Sellerie
375 ml Béchamelsauce (Seite 160)
etwas Milch
500 g Kartoffelpüree
etwas Olivenöl

Backofen auf 220 °C (Umluft 200 °C) vorheizen. Fisch mit Eiern und fein gewürfeltem Sellerie in eine kleine, flache Auflaufform geben und Béchamelsauce darübergießen. Mit Milch verdünntes Kartoffelpüree darauf verteilen. Oberfläche mit Öl beträufeln und Pie etwa 20 Min. backen, bis sie oben goldbraun ist und die Sauce Blasen wirft.

Für 2 Portionen

PÜREE-VIELFALT

… MIT GERÖSTETEM KNOBLAUCH
Das Püree mit gerösteten Knoblauchzehen (Seite 13; 5 Zehen auf 250 g Püree) verfeinern.

… MIT BLAUSCHIMMELKÄSE
Etwas zerkrümelten Blauschimmelkäse (60 g auf 250 g Püree) unter das Püree mischen.

… MIT TRÜFFELÖL
Etwas Trüffelöl (1 TL auf 250 g Püree) unter das Püree rühren.

… MIT SÜSSKARTOFFELN
Die Kartoffeln zur Hälfte durch Süßkartoffeln ersetzen.

… MIT BIRNEN UND PASTINAKEN
3 Kartoffeln und 2 Pastinaken schälen und würfeln. 2 Birnen schälen, vierteln und die Kerngehäuse entfernen. Alles zusammen kochen und zu Püree verarbeiten.

Rühren, rühren, rühren …
Béchamelsauce

Mit einer feinen, cremigen Béchamelsauce haben Sie die Grundlage für eine Vielzahl von Gerichten, etwa Käse-, Petersilien- oder Senfsauce, Nudelauflauf, Blumenkohlauflauf oder einen echt französischen Croque Monsieur (ein mit Schinken und Käse belegtes, gebackenes Sandwich).

Béchamelsauce

100 g Butter
100 g Mehl
1 l Milch
¾ TL Salz
½ TL weißer Pfeffer
½ TL geriebene Muskatnuss (nach Belieben)

Butter bei mittlerer Hitze zerlassen. Mehl hinzufügen und einige Min. unter Rühren erhitzen, ohne dass es Farbe annimmt. Unter ständigem Rühren nach und nach die Milch angießen, bis eine dicke, glatte Sauce entstanden ist. Sauce mit Salz, Pfeffer und Muskatnuss abschmecken und 2–3 Min. köcheln lassen.

Für etwa 1,25 l

Aufbewahrung Im Kühlschrank ist Béchamelsauce 3–4 Tage haltbar, zum Einfrieren eignet sie sich nicht.

Makkaroni-Auflauf

200 g Makkaroni, nach Packungsanweisung gekocht
375 ml Béchamelsauce
185 g Cheddar, gerieben
100 g Schinken, gewürfelt

Backofen auf 240 °C (Umluft 220 °C) vorheizen. Alle Zutaten mischen und in eine ofenfeste Form geben. Auflauf etwa 15 Min. backen, bis er goldbraun ist und die Sauce Blasen wirft. Mit grünem Salat servieren.

Für 2 Portionen

■ **Makkaroni-Auflauf mit Blauschimmelkäse und Parmaschinken**
Makkaroni-Auflauf wie oben beschrieben zubereiten. Dabei Cheddar und Schinken durch 100 g zerkrümelten Blauschimmelkäse und 4 Scheiben fein gewürfelten, in 1 EL Öl knusprig gebratenen Parmaschinken ersetzen.

■ **Blumenkohlauflauf**
400–500 g Blumenkohl (oder Blumenkohl und Brokkoli) in Röschen zerteilen und garen. Auflauf wie im Rezept Makkaroni-Auflauf beschrieben zubereiten und vor dem Backen mit 2 EL Mandelblättchen bestreuen.

SAUCEN-VARIATIONEN

PETERSILIENSAUCE
Reichern Sie die Béchamelsauce mit gehackter Petersilie (2 EL auf 250 ml Sauce) an.

KÄSESAUCE
Lassen Sie geriebenen Käse (70 g auf 250 ml Sauce) in der Sauce schmelzen.

SENFSAUCE
Rühren Sie Dijon-Senf (1 EL auf 250 ml Sauce) unter die Sauce.

Einfache Braten

Wer kennt nicht den verlockenden Geruch, der einer Hähnchenbraterei entströmt? Brät man das Hähnchen in der trockenen Hitze des Backofens, wird die Haut knusprig, das Fleisch zart, und es verströmt einen derart verführerischen Duft, dass uns das Wasser im Mund zusammenläuft und sich ein geradezu archaischer Heißhunger einstellt. Mit anderen Worten: Einem guten Braten wird wohl kaum jemand widerstehen können.

Das Braten ist die wohl einfachste Zubereitungsart: Beim Würzen sind der Phantasie keine Grenzen gesetzt, man kann den Braten füllen oder in einen Teigmantel hüllen, und den Rest muss dann der Ofen erledigen. Auch bei den Beilagen hat man die Wahl, etwas besonders Feines oder etwas eher Einfaches zu servieren. Eine meiner französischen Freundinnen tischt als Sonntagsessen nur ein Brathähnchen mit Pommes frites und Salat auf – einfach unübertrefflich. Ich reiche zu meinen Braten gerne einen Salat oder eine große Platte mit geröstetem Gemüse und dazu eine Knoblauchmayonnaise oder ein Chermoula-Dressing (Seite 18). In England isst man dazu traditionell Kartoffelpüree, Sauce und gekochte Bohnen. Sie müssen aber gar keinen großen Aufwand treiben – ein Baguette und ein grüner Salat passen immer zu einem Brathähnchen.

Brathähnchen zum Auftakt

Kaufen Sie auf dem Heimweg ein fertiges Brathähnchen oder schieben Sie selbst eines in den Ofen – schon haben Sie eine einfache Mahlzeit. Wie lang der »Vogel« braucht, hängt auch davon ab, ob er aus biologischer Aufzucht stammt, denn solche Hähnchen enthalten weniger Wasser und haben deshalb eine etwas längere Garzeit.

Kräuterbrathähnchen

2 TL Meersalz (oder Speisesalz)
1 frisches Hähnchen (möglichst aus biologischer Aufzucht oder Freilandhaltung)
je 1 TL gehackter Thymian und Rosmarin
1 EL Olivenöl
1 unbehandelte Zitrone

Hähnchen innen und außen mit Salz einreiben und 24 Std. im Kühlschrank ruhen lassen. Backofen auf 220 °C (Umluft 200 °C) vorheizen. Hähnchen mit der Brustseite nach oben auf ein Gitter (oder eine Scheibe Brot) legen und so in einen mit Backpapier ausgelegten Bräter geben. Kräuter mit Olivenöl verrühren. Haut an Hals und Brust mit den Fingern leicht anheben und das Fleisch mit Kräuteröl bestreichen. Zitrone auspressen und Hähnchen mit dem Saft beträufeln. Ausgepresste Zitronenhälften in den Bauch stopfen und Flügel unterschlagen. Hähnchen etwa 50–60 Min. braten, bis aus der Bauchhöhle kein hellroter Fleischsaft mehr austritt und die Keulen sich mühelos hin- und herbewegen lassen. Achten Sie unbedingt darauf, dass das Fleisch wirklich gar ist. Hähnchen aus dem Ofen nehmen, mit Alufolie abdecken und vor dem Servieren 10 Min. ruhen lassen.

Für 4–6 Portionen

■ **Klassisches Brathähnchen**
Hähnchen nicht am Vortag, sondern erst unmittelbar vor der Zubereitung innen und außen salzen und pfeffern. Kräuteröl weglassen. Hähnchen mit Zitronensaft beträufeln, mit den ausgepressten Zitronenhälften füllen und wie oben beschrieben braten.

■ **Hähnchen mit Jus**
Hähnchen 15 Min. vor Ende der Garzeit mit 375 ml Hühnerbrühe und 125 ml Weißwein begießen. Fett von der Bratflüssigkeit abschöpfen und den Fleischsaft, der aus der Bauchhöhle austritt, mit der Bratflüssigkeit verrühren.

DAZU PASST …

■ grüner Salat mit Birnenspalten, karamellisierten Zwiebeln, gerösteten Pinienkernen und Zitronen-Senf-Vinaigrette (Seite 113)

■ Pommes frites und grüner Salat mit Avocado, Tomate und Balsamico-Dressing (Seite 113)

■ Kartoffelgratin und grüner Salat

■ Kartoffelpüree mit Bratensauce und bissfest gegartem grünem Gemüse

■ Ofengemüse und Knoblauchmayonnaise

■ Chermoula-Dressing (Seite 18) mit gerösteten Paprikaschoten (Seite 13) und Mandel-Couscous

■ Asiatischer Krautsalat oder Caesar-Salat (Seite 130)

Etwas raffinierter

Das Haushuhn stammt zwar aus Südostasien, doch ist es heute in allen Küchen der Welt zu Hause und schmeckt mit Zitronengras, Chili und Limetten genau so gut wie mit Tomaten, Kapern und Oliven.

WÜRZMISCHUNG MIT ZITRONENGRAS
3 TL fein zerstoßenes Zitronengras
125 ml süße Chilisauce
125 ml Wasser
2 EL Fischsauce
Saft und abgeriebene Schale von 2 unbehandelten Limetten
2 TL frischer Ingwer, fein gehackt
3 Knoblauchzehen, zerdrückt
1 TL Zucker

Ingwergemüse mit Nudeln

500 g frisches Gemüse (z. B. Brokkoli, roter Paprika, Karotten, Zucchini)
1 EL gehackter Ingwer
1 EL Öl
1 Prise Salz
250 g asiatische Nudeln, gekocht

Klein geschnittenes Gemüse mit 125 ml Wasser, Ingwer, Öl und 1 Prise Salz in einen Topf geben. Deckel auflegen und Gemüse 5–6 Min. bissfest garen. Nudeln unterheben und die Mischung auf vier Teller verteilen. Mit Brathähnchen oder anderem gebratenem Fleisch servieren.
Für 4 Portionen

Gebratene Hähnchenkeulen mit Zitronengras

4 Hähnchenkeulen
1 Portion Würzmischung mit Zitronengras (s. links)

Backofen auf 200 °C (Umluft 180 °C) vorheizen. Hähnchenkeulen in eine flache Auflaufform legen und mit Würzmischung begießen. 40–45 Min. braten, bis das Fleisch gar und die Haut goldbraun ist.
Für 4 Portionen

■ **Gebratene Hähnchenkeulen auf provenzalische Art**
250 ml Tomatensauce mit 125 ml Weißwein, 2 in feine Streifen geschnittenen roten Paprikaschoten, 40 g gehackten schwarzen Oliven (nach Belieben), 1 EL Kapern und 2 zerdrückten Knoblauchzehen verrühren und mit Salz und Pfeffer würzen. Sauce über die Hähnchenkeulen gießen und wie oben beschrieben braten.

■ **Gebratene Hähnchenkeulen auf marokkanische Art**
375 ml Tomatensauce mit 4 EL Weißwein, 4 EL gehacktem Koriandergrün, 2 zerdrückten Knoblauchzehen, 2 TL gemahlenem Kreuzkümmel, je 1 TL braunem Zucker, Chilipulver und fein gehacktem Ingwer, ½ TL Paprikapulver, ½ TL Zimt sowie Saft und abgeriebener Schale von 1 unbehandelten Zitrone verrühren und mit Salz und Pfeffer würzen. Sauce über die Hähnchenkeulen gießen und wie oben beschrieben braten.

Ofengemüse

Zerkleinern Sie verschiedene festfleischige Gemüse, beträufeln Sie sie mit Öl und schieben Sie sie in den Backofen. Ofengemüse eignet sich nicht nur als Beilage, sondern auch als Grundlage für Couscous-, Nudel- und vegetarische Gerichte sowie für Panini.

Ofengemüse mit Ahornsirup

¼ Kürbis, in schmale Spalten geschnitten
2 Süßkartoffeln, geschält und in Stücke geschnitten
3 Pastinaken, geschält und der Länge nach geviertelt
3 EL Olivenöl extra vergine
2 EL Ahornsirup
½ TL Salz, Pfeffer
2 rote Paprikaschoten, entkernt und geviertelt
300 g grüne Bohnen

Backofen auf 220 °C (Umluft 200 °C) vorheizen. Kürbis, Süßkartoffeln und Pastinaken in einer Schüssel mit Öl und Ahornsirup vermengen, salzen und pfeffern. Gemüse in einem großen Bräter verteilen und mit restlichem Öl und Sirup aus der Schüssel übergießen. Gemüse etwa 40 Min. im Backofen rösten, bis es fast weich ist und zu karamellisieren beginnt. Nach der Hälfte der Garzeit wenden und 15 Min. vor Ende der Garzeit Paprikaschoten und Bohnen dazugeben. Tipp: Das Gemüse nach dem Rösten mit 1–2 TL Sherryessig beträufeln.

Für 6 Portionen

Toskanische Ofenkartoffeln

6 große Kartoffeln, geschält
2 EL Olivenöl
2 Knoblauchzehen, zerdrückt
abgeriebene Schale von ½ unbehandelten Zitrone
2 TL gehackter Rosmarin
1 EL Mehl
1 TL Salz

Backofen auf 220 °C (Umluft 200 °C) vorheizen. Kartoffeln in 4 cm große Stücke schneiden, in einen Bräter geben und mit Öl, Knoblauch, Zitronenschale und Rosmarin vermischen. Mehl darüberstäuben und Kartoffeln so verteilen, dass sie nicht übereinander liegen. Kartoffeln etwa 45 Min. rösten, bis sie goldbraun und knusprig sind.

Für 6 Portionen

Ofen-Süßkartoffeln mit Ahornsirup

4 mittelgroße Süßkartoffeln
1 EL Ahornsirup oder Honig
etwas Salz

Backofen auf 220 °C (Umluft 200 °C) vorheizen. Süßkartoffeln längs halbieren und ein Rautenmuster in die Schnittfläche ritzen. Süßkartoffeln in eine Auflaufform geben, mit Ahornsirup bestreichen, mit Salz bestreuen und etwa 40 Min. im Backofen garen, bis sie weich und leicht gebräunt sind.

Für 4–6 Portionen

WEITERE VORSCHLÄGE

Ofengemüse eignet sich hervorragend als Grundlage für eine Vielzahl von Gerichten:

- mit Knoblauchmayonnaise als vegetarische Mahlzeit oder als Beilage zu gebratenem oder gegrilltem Fleisch
- mit Rucola oder jungem Spinat und gerösteten Mandeln gemischt
- mit Chermoula-Dressing (Seite 18) beträufelt
- Panini oder Pizzaboden damit belegen und mit geriebenem Mozzarella bestreut backen
- mit Couscous oder Nudeln, etwas Chermoula-Dressing (Seite 18) und Harissa (Seite 60)

Herausgefischt

Fisch wird häufig zu lange gebraten oder gekocht und ist dann sehr trocken. Gart man ihn aber in einer Sauce, bleibt er saftig und zart. Prüfen Sie stets, ob der Fisch Gräten enthält, indem Sie mit den Fingern über die Filets streichen, und entfernen Sie sie gegebenenfalls.

Neuseeländischer Wrackbarsch mit Fenchel, Tomaten und Zucchini

2 mittelgroße Fenchelknollen, halbiert und der Länge nach in dünne Scheiben geschnitten
2 Zucchini, der Länge nach halbiert und in dünne Scheiben geschnitten
200 g Cocktailtomaten, halbiert
2 EL Olivenöl extra vergine
4 Filets von Neuseeländischem Wrackbarsch oder Blaunase (à 160–180 g)
125 ml fruchtiger Weißwein
125 ml Tomatenpüree
1 EL Pesto oder Basilikumöl (Seite 18)
1 TL Zucker
1 TL Salz, Pfeffer
Basilikumblätter zum Garnieren

Backofen auf 220 °C (Umluft 200 °C) vorheizen. Fenchel, Zucchini und Tomaten mit Öl gleichmäßig in einem Bräter verteilen und 20 Min. im Backofen garen (bis hierhin kann das Gericht auch im Voraus zubereitet werden). Fisch auf das Gemüse legen. Wein mit Tomatenpüree, Pesto oder Basilikumöl und Gewürzen verrühren und über die Filets gießen. 10–12 Min. garen, mit Basilikumblättern garnieren und mit Gemüse und Garflüssigkeit servieren.

Für 4 Portionen

■ Gebratener Fisch auf griechische Art

Fenchel durch 80 g entsteinte Oliven und 2 EL Kapern ersetzen und Fisch mit Minzeblättern garniert servieren.

■ Gebratene Hähnchenbrust mit Fenchel, Tomaten und Zucchini

Fisch durch Hähnchenbrüste ersetzen und Garzeit auf 25–30 Min. verlängern.

Gebratener Fisch auf indische Art

4 EL Zitronensaft
1 EL zerdrückter Knoblauch
je 1 TL Salz und frisch gemahlener schwarzer Pfeffer
4 grätenfreie Fischfilets (mind. 1½ cm dick)
125 g Sahne
je 1 TL Senf, Garam Masala und Kurkuma
½ TL Chiliflocken
Koriandergrün zum Garnieren

Zitronensaft mit Knoblauch, Salz und Pfeffer verrühren. Fisch darin wenden und 30 Min. im Kühlschrank marinieren. Sahne mit Senf und Gewürzen verrühren und zum Fisch geben. Alles gut vermengen. Backofen auf 240 °C (Umluft 220 °C) vorheizen. Fisch in eine Auflaufform legen, mit Marinade begießen und 6–8 Min. garen, bis das Fleisch auf Druck nicht mehr nachgibt. Mit Koriander garnieren und mit Bratflüssigkeit servieren.

Für 4 Portionen

Gegrillter Fisch

Fisch wird in wenigen Minuten saftig-zart, wenn man ihn im heißen Ofen grillt oder brät. Dafür eignen sich besonders Fische mit festem Fleisch wie Lachs, Seeteufel und Neuseeländischer Wrackbarsch.

4 gehäutete, grätenfreie Lachsfilets (à 120–150 g)
2 EL Wasser
1 ½ EL weißes Miso
2 TL brauner Zucker
1 TL Sojasauce
1 TL Sesamöl

Lachs mit Miso-Glasur

Backofengrill auf höchster Stufe vorheizen. Fisch auf ein mit Backpapier ausgelegtes Blech legen. Restliche Zutaten verrühren und Fisch damit bestreichen. Lachs 8–10 cm unter dem Grill einschieben und etwa 5 Min. grillen, bis er leicht glasiert ist und das Fleisch auf Druck nachgibt. Fisch dabei nicht wenden. Mit Reis und Asiatischem Krautsalat (Seite 130) servieren.

Für 4 Portionen

Chili-Limetten-Glasur
4 EL süße Chilisauce
2 EL Limettensaft
abgeriebene Schale von 1 unbehandelten Limette

Fisch mit Chili-Limetten-Glasur

4 grätenfreie Fischfilets mit Chili-Limetten-Glasur begießen und wie oben beschrieben grillen.

Für 4 Portionen

Basilikum-Würzmischung
4 EL Basilikumöl (Seite 16)
abgeriebene Schale von 1 unbehandelten Zitrone
½ TL Salz, frisch gemahlener Pfeffer

Gegrillter Lachs mit Basilikum

4 grätenfreie Fischfilets mit Basilikum-Würzmischung bestreichen und wie oben beschrieben grillen.

Für 4 Portionen

FISCH KURZ GAREN

Backofen auf 240 °C (Umluft 220 °C) vorheizen. Fisch etwa 8 Min. garen, bis er in der Mitte nicht mehr durchsichtig ist und das Fleisch nachgibt, wenn man an der dicksten Stelle drückt.

AUF DEN FISCH PASST

- Tapenade (Seite 16)
- Salsa verde (Seite 16)
- Pesto
- Teriyaki-Glasur
- Austernsauce mit etwas frisch geriebenem Ingwer
- Chermoula-Dressing (Seite 18)
- Wasabi-Butter (Seite 18)

Glasiert und mit Kruste

Kaufen Sie Fleisch bei einem Metzger Ihres Vertrauens. Das Fleisch sollte nach dem Braten stets einige Zeit ruhen, damit sich die Säfte gleichmäßig verteilen können und das Fleisch zart wird.

Lammkarree mit Chili-Minze-Glasur

2 Lammkarrees, in Stücke mit jeweils 3–4 Koteletts zerteilt
2 EL süße Chilisauce
2 EL fein geschnittene Minzeblätter
2 EL Fischsauce
1 EL Olivenöl
2 Knoblauchzehen, zerdrückt
½ TL Salz, Pfeffer

Alle Zutaten mit Ausnahme des Lammkarrees verrühren, Fleisch darin wenden und mind. 30 Min. (max. 12 Std.), kalt stellen. Backofen auf 240 °C (Umluft 220 °C) vorheizen. Fleisch in einem flachen Bräter etwa 15–20 Min. garen und vor dem Servieren 5 Min. ruhen lassen.

Für 4–5 Portionen

Lammkarree mit Knoblauch-Kräuter-Kruste

je 1 EL fein geschnittener Oregano und Minze
2 Knoblauchzehen, zerdrückt
abgeriebene Schale von 1 unbehandelten Zitrone
1 leicht verquirltes Eiweiß

Kräuter in einer Schüssel mit Knoblauch und Zitronenschale mischen. Fleisch mit Eiweiß bepinseln, in Kräutermischung wenden und wie oben beschrieben garen.

Lammkarree mit Senfkruste

2 EL grobkörniger Senf
1 EL flüssiger Honig
1 TL frisch gehackter Rosmarin

Senf mit Honig und Rosmarin verrühren, Fleisch damit bestreichen und wie oben beschrieben garen.

Ganze Lammkeulen garen

Backofen auf 200 °C (Umluft 180 °C) vorheizen. Lammkeule (1,3–1,5 kg) in einen Bräter legen und nach Geschmack mit einer Würzmischung oder nur mit Salz und Pfeffer würzen. Lammkeule 1–1¼ Std. oder bis zur gewünschten Garstufe braten. Fleisch aus dem Backofen nehmen, mit Alufolie abdecken und 10 Min. ruhen lassen. Wenn Sie es lieber langsam geschmort und sehr zart mögen, garen Sie das Fleisch im geschlossenen Bräter etwa 3½ Std. bei 170 °C (Umluft 150 °C).

Für 6–8 Portionen

Zum Fingerlecken ...
saftige Rippchen

Saftige Rippchen sind ideal für ein zwangloses Essen mit guten Freunden. Die klebrigen, karamellisierten Saucen sind allerdings ein Albtraum beim Abwaschen. Legen Sie den Bräter deshalb am besten mit Backpapier aus. Fertigsaucen eignen sich gut als Grundlage für verschiedenste Marinaden.

1,5 kg Schweinerippchen
2 EL flüssiger Honig
2 EL Hoisin-Sauce
2 EL Sojasauce

Hoisin-Honig-Rippchen

Fleisch in Portionsstücke mit je 2–3 Rippchen zerteilen und in einen Bräter legen. Honig, Hoisin-Sauce und Sojasauce verrühren und Rippchen damit bestreichen. Besonders gut nimmt das Fleisch den Geschmack an, wenn es einige Std. oder über Nacht mariniert. Rippchen etwa 40 Min. bei 200 °C (Umluft 180 °C) im Backofen garen, bis sie goldbraun und weich sind. Während des Bratens mehrmals wenden.

Für 6 Portionen

1,5 kg Schweinerippchen
4 EL Tomatenketchup
2 EL Worcestersauce
1 EL Reisessig
2 EL brauner Zucker
1 TL Dijon-Senf
½ TL Chiliflocken
1 TL Instant-Kaffeepulver
½ TL Salz

Rippchen Black Jack

Alle Zutaten mit Ausnahme des Fleisches miteinander verrühren, Rippchen damit bestreichen und wie oben beschrieben garen.

Für 6 Portionen

1,5 kg Schweinerippchen
80 ml süße Chilisauce
2 EL Fischsauce
1 EL gehackter Ingwer
3 Knoblauchzehen, zerdrückt

Chili-Ingwer-Rippchen

Alle Zutaten mit Ausnahme des Fleisches verrühren, Rippchen damit bestreichen und wie oben beschrieben garen. Rippchen vor dem Servieren nach Belieben mit fein gehackter roter Chilischote und fein gehacktem Knoblauch bestreuen.

Für 6 Portionen

Desserts

Die Versuchungen für Leckermäulchen sind zahlreich. Die einen können dem zarten Schmelz von Schokolade nicht widerstehen, bei anderen ist es ein knuspriger, buttriger Mürbeteig oder der Kontrast eines knusprigen Teigs, säuerlicher Früchte und einer Zuckerglasur. Wieder anderen läuft das Wasser beim Anblick einer gut gekühlten Frucht- oder Eiscreme im Mund zusammen. Kaum jemand wird etwas Süßes ablehnen, es sei denn aus gesundheitlichen Gründen, schließlich ist uns der süße Geschmack praktisch von der ersten Stunde an vertraut, während wir den salzigen Geschmack erst ab etwa dem vierten Lebensmonat wahrnehmen. Allerdings konsumieren wir heute sehr viel mehr Zucker, als uns bewusst ist, denn nahezu alle industriell hergestellten Lebensmittel enthalten Zucker. Der niedrige Blutzuckerspiegel, der häufig aus diesem hohen Zuckerkonsum resultiert, hat zur Folge, dass unser Körper nach immer mehr Zucker verlangt. Es ist deshalb empfehlenswert, seine Desserts selbst zu machen. So können Sie selbst entscheiden, welche Zutaten Sie verwenden möchten, und ob Sie lieber zu etwas Gesundem wie Obst greifen oder der Verführung einer sündhaft cremigen Mousse au chocolat nachgeben. Letztlich kommt es auch hier darauf an, das rechte Maß zu finden.

Ein Dream-Team …
frisches Obst und Sirup

Während der Woche serviere ich am liebsten ein Schälchen Obst als einfaches Dessert. Mit ihrem frischen, leicht süßlichen Geschmack runden Früchte die Mahlzeiten erst richtig ab. Und ein aromatischer Vanillesirup, der sich im Kühlschrank ewig hält, macht selbst den einfachsten Obstsalat zu einem wahren Hochgenuss.

Vanillesirup

150 g Zucker
2 Vanilleschoten, der Länge nach aufgeschlitzt, oder 2 TL Vanilleextrakt
abgeriebene Schale von ½ unbehandelten Zitrone

Zucker in einen Topf mit 250 ml Wasser geben und bei mittlerer Hitze unter gelegentlichem Rühren erwärmen, bis er sich aufgelöst hat. Vanilleschoten und Zitronenschale hinzufügen, 10 Min. köcheln und anschließend abkühlen lassen. Frische, klein geschnittene Früchte vor dem Servieren mit etwas Vanillesirup beträufeln.

Für etwa 250 ml

Aufbewahrung Im Kühlschrank ist der Sirup monatelang haltbar.

■ **Amaretto-Sirup**
Sirup mit 4 EL Amaretto anreichern.

■ **Ingwersirup**
Vanilleschoten durch 1 EL frischen, fein gehackten Ingwer ersetzen.

Obstsalat mit Vanillesirup

6 Kiwis, geschält und in Scheiben geschnitten
1 reife Honigmelone, geschält, entkernt und in Scheiben geschnitten
150 g kleine helle Weintrauben
1 Schale Erdbeeren, entstielt und in Scheiben geschnitten

Obst und Beeren in einer Schüssel vorsichtig mischen und mit 80 ml Vanillesirup beträufeln.

■ **Wassermelone mit Blaubeeren und Vanillesirup**
¼ reife, gut gekühlte Wassermelone schälen und das Fruchtfleisch in große Würfel schneiden. Melonenwürfel mit einigen Blaubeeren in eine Schüssel geben und mit ein wenig Vanillesirup beträufeln.

Für 4 Portionen

Verleihen Sie Glanz …
mit Karamell und Sirup

Früchte geben ihren Saft ab, wenn man sie mit Zucker bestreut, und liefern so einen natürlichen Sirup. Besonders gut funktioniert das bei Tamarillos, Zitrusfrüchten, Steinobst und Beeren. Verwenden Sie für die folgenden Rezepte nach Möglichkeit Früchte der Saison.

Karamellobst

150 g Zucker
4 EL Wasser
1 EL Zitronensaft
6 Orangen, geschält und in Filets geschnitten
2 Kiwis, geschält und in Stücke geschnitten

Zucker mit Wasser und Zitronensaft in einer schweren Pfanne bei starker Hitze aufkochen lassen. Pfanne dabei schwenken, damit sich die Hitze gleichmäßig verteilt. Mischung etwa 10 Min. kochen lassen, bis der Zucker goldbraun karamellisiert ist. Karamell über die Früchte gießen und das Karamellobst sofort servieren.

Für 6 Portionen

Tamarillos in Sirup

6 Tamarillos oder 450 g andere frische Früchte, in Scheiben geschnitten
60 g Zucker

Tamarillos mehrfach mit einem scharfen Messer einstechen, in eine ofenfeste Schüssel legen und mit kochendem Wasser bedecken. 10 Min. stehen lassen und anschließend schälen. Früchte jeweils in 5–6 Scheiben schneiden, in einer Schüssel mit Zucker vermischen, 1 Std. durchziehen lassen (oder bis zu 48 Std. in den Kühlschrank stellen) und zusammen mit dem Saft servieren.

Für 4–6 Portionen

PASSIONSFRUCHTSAUCE

Der säuerliche, exotische Geschmack der Passionsfrucht harmoniert hervorragend mit vielen Früchten. Geben Sie das Fruchtfleisch über Birnen, Pfirsiche, Erdbeeren, Papayas, Melonen, Kiwis, Äpfel, Mangos oder Bananen. Wenn Sie mögen, können Sie noch einen Spritzer Zitronensaft hinzufügen.

TAMARILLOS IN GELEE

Tamarillos in Sirup (s. links) zubereiten, Saft in einen Messbecher gießen und abmessen. Sie benötigen 250 ml (gegebenenfalls mit Wasser auffüllen). 1 Päckchen gemahlene Gelatine in 250 ml kochendem Wasser auflösen und Tamarillosaft einrühren. Tamarillos in eine Schüssel geben, mit Gelee übergießen und etwa 3 Std. kalt stellen, bis das Gelee erstarrt ist. Das Dessert ist im Kühlschrank einige Tage haltbar.

Für 4–6 Portionen

Heiße Früchtchen

Bestreuen Sie frische, halbierte oder in Scheiben geschnittene Früchte mit Zucker und bräunen Sie sie unter dem Backofengrill. Oder Sie verrühren Vanillecreme mit Sahne und Rum, überziehen die Früchte damit und grillen sie. Der süße, leicht bittere Geschmack von frischem Obst und karamellisiertem Zucker wird Sie begeistern.

Gegrilltes Obst

½ Ananas, geschält, halbiert und in 2–3 cm dicke Scheiben geschnitten
4 Pfirsiche oder Pflaumen, halbiert und entsteint
2 TL Rum, Brandy oder Orangensaft
4 EL brauner Zucker

Früchte zuerst in Rum, Brandy oder Orangensaft und anschließend in Zucker tauchen. Früchte mit der Zuckerseite nach oben in eine flache Auflaufform legen und etwa 8–10 Min. unter den vorgeheizten Backofengrill schieben, bis sie leicht gebräunt sind und der Saft Blasen wirft. Gegrilltes Obst mit Vanillepudding oder Vanillesirup (Seite 180) servieren.

Für 4 Portionen

Schnelles Rum-Sabayon

80 g Vanillecreme (Fertigprodukt)
125 g Sahne
1 EL Rum
½ Ananas, geschält, halbiert und in 2–3 cm dicke Scheiben geschnitten
4 reife Aprikosen (oder anderes Steinobst), geviertelt und entsteint, oder 4 Kiwis, geschält und in Scheiben geschnitten
2–3 EL Zucker

Vanillecreme mit Sahne und Rum verrühren und bis zur Weiterverarbeitung kalt stellen. Oststücke in eine flache Auflaufform geben, mit Sabayon übergießen und mit Zucker bestreuen. 3–4 Min. unter den vorgeheizten Backofengrill schieben, bis das Sabayon leicht gebräunt ist.

Für 4 Portionen

So kommt Obst groß raus

4 säuerliche Äpfel (z. B. Granny Smith)
4 Datteln, entsteint und klein geschnitten
2 TL gehackte Walnusskerne
4 TL brauner Zucker
1 TL gemahlener Zimt
½ TL gemahlene Gewürznelken
125 ml Ahornsirup
125 ml Wasser
4 TL Butter

Bratäpfel mit Ahornsirup

Kerngehäuse der Äpfel mit einem Apfelausstecher herausstechen und die Öffnung mit einem scharfen Messer auf 2,5 cm Durchmesser vergrößern. Die Schale rund um das Loch einritzen (so bleibt es beim Braten schön regelmäßig). Datteln, Nüsse, Zucker und Gewürze mischen und in die Äpfel füllen. Äpfel in eine flache Auflaufform setzen und Backofen auf 200 °C (Umluft 180 °C) vorheizen. Ahornsirup mit Wasser verrühren und über die Äpfel gießen. Äpfel mit Butterflöckchen besetzen und etwa 50–60 Min. backen, bis die Schale schrumplig und das Fruchtfleisch weich ist und aufplatzt.
Für 4 Portionen

■ **Bratäpfel mit Aprikosen und Haselnüssen**
Datteln und Walnusskerne durch 4 klein geschnittene getrocknete Aprikosen und 2 TL gehackte Haselnüsse ersetzen.

200–220 g Zucker
2 Zimtstangen
1 TL Vanilleextrakt
4 Kardamomkapseln
abgeriebene Schale von 1 unbehandelten Zitrone
8 getrocknete Aprikosen
8–10 Trockenpflaumen ohne Stein
8–12 feste Nektarinen oder Pfirsiche, halbiert und entsteint
4 Birnen mit Stiel, geschält

Pochierte Früchte auf arabische Art

Zucker, Gewürze und Zitronenschale in einem Topf mit 500 ml Wasser unter gelegentlichem Rühren aufkochen. Aprikosen und Pflaumen hinzufügen und 5 Min. köcheln lassen. Nektarinen und Birnen in den Sirup geben und bei sehr geringer Hitze je nach Größe etwa 10–15 Min. weich garen. Pochierte Früchte mit Joghurt servieren.
Für 6–8 Portionen
Aufbewahrung Im Sirup aufbewahrt sind die Früchte bis zu 1 Woche haltbar. Sirupreste können in einem verschlossenen Behälter etwa 1 Woche im Kühlschrank gelagert und erneut zum Kochen von Früchten verwendet werden.

Die Qualität zählt

Vanilleeis

Wie bei so vielen Dingen gilt auch beim Eis: Qualität hat ihren Preis. Das, was mitunter als Eiscreme verkauft wird, ist nicht selten voll von künstlichen Aroma- und Farbstoffen und enthält in manchen Fällen sogar Hühnerfett. Kaufen Sie daher ein gutes, cremiges Eis als Grundlage für diese phantasievollen Kreationen.

Cassata

150 g Korinthen
4 EL Amaretto, Rum oder anderer Likör
2 l Vanilleeis
150 g kandierte Ananas, fein gehackt
abgeriebene Schale von 1 unbehandelten Zitrone
150 g Himbeeren (frisch oder tiefgekühlt)
150 g ungesalzene Pistazienkerne
etwas Ahorn- oder Vanillesirup

Tiefgekühlte Himbeeren auftauen. Korinthen in Amaretto einweichen und beiseitestellen. Eis in eine große Schüssel füllen und 10 Min. bei Zimmertemperatur stehen lassen. Mit einem großen Löffel durchrühren, damit es weich genug ist, um die Zutaten untermischen zu können (das Eis darf nicht vollständig auftauen). Restliche Zutaten rasch unterheben. Eis in einen Gefrierbehälter oder in Portionsschalen füllen, zudecken und mind. 4 Std. tiefkühlen. Cassata vor dem Servieren in Scheiben schneiden oder mit einem Eisportionierer Kugeln abstechen. Mit grob gehackten Pistazienkernen bestreuen und mit Ahorn- oder Vanillesirup (Seite 180) umgießen.

Für 8–10 Portionen

Aufbewahrung In der Gefriertruhe ist die Cassata bis zu 2 Monate haltbar. Nach dem Auftauen nicht wieder einfrieren.

Kahlúa affogato

400 ml starken Espresso kochen. 4 EL Kahlúa (mexikanischen Kaffeelikör), Grand Marnier, Amaretto oder einen anderen Likör unterrühren. 4 Portionen Vanilleeis in Servierschälchen anrichten und dazu den heißen Espresso servieren, damit die Gäste ihn selbst über das Eis gießen können.

Variante Das Eis zusätzlich mit gehackten kandierten Nüssen oder Früchten bestreuen.

WIE WÄRE ES MIT …

KOKOS-ZITRONEN-EIS
5 EL Lemon-Curd (Seite 196) und 4 EL geröstete Kokosraspeln mit 500 ml Vanilleeis verrühren. Das Eis danach einige Std. tiefkühlen, bis es wieder fest ist.

GRÜNTEE-INGWER-EIS
3 TL Grünteepulver (Matcha, ein fein gemahlener japanischer Grüntee) und 4 EL fein gehackten kandierten Ingwer mit 500 ml Vanilleeis verrühren. Das Eis danach einige Std. tiefkühlen, bis es wieder fest ist.

Eiscremesandwich

1 Schokoladen-Brownie (6 x 8 cm), 1 Scheibe Vanilleeis (6 x 8 x 2 cm), 1–2 EL Schokoladensauce »Extraklasse« (Seite 208)

Brownie waagerecht halbieren und wie ein Sandwich mit Vanilleeis füllen. Bis zum Servieren tiefkühlen und unmittelbar vor dem Servieren mit der warmen Schokoladensauce überziehen.

Für 1 Portion

Aufbewahrung In einem verschlossenen Behälter können die Brownies tiefgekühlt mehrere Wochen aufbewahrt werden.

■ Lebkuchen-Eiscremesandwich

Brownie durch Lebkuchen ersetzen.

Gebratene Bananen in Karamellsirup

3 EL Butter, 3 EL brauner Zucker, 8 geschälte Baby-Bananen oder 4 normale Bananen, 125 ml Orangensaft

Butter und Zucker in einer großen Pfanne erhitzen, bis es zu knistern beginnt. Bananen (große Bananen halbieren) darin auf beiden Seiten etwa 2 Min. anbräunen. Orangensaft angießen, Bananen 2 Min. köcheln lassen und mit dem Sirup servieren.

Für 4 Portionen

■ Gebratene Bananen mit Litschis und Passionsfrucht

1 Dose abgetropfte Litschis (80–100 g) und das Fruchtfleisch von 2–3 Passionsfrüchten hinzufügen.

■ Gebratene Ananas in Karamellsirup

Bananen durch 4–6 geviertelte Ananasscheiben ersetzen.

Kaffee-Granita

750 ml sehr starker, heißer Kaffee, 170 g Zucker, 2 EL Likör (nach Belieben)

Zucker in Kaffee auflösen und gegebenenfalls mit Likör verrühren. Flüssigkeit in eine flache Schale (etwa 30 x 18 cm) gießen und etwa 2 Std. tiefkühlen, bis sie leicht angefroren, aber noch nicht fest ist. Mit einer Gabel durchrühren, um Eisklumpen aufzubrechen, und im Gefrierschrank fest werden lassen. Unmittelbar vor dem Servieren mit einer Gabel oder einem Löffel feine Schichten abschaben und in Gläser füllen. (Ist die Granita zu fest geworden, das Eis auf einem Schneidbrett hacken und danach mit einer Gabel zerdrücken.)

Für 6 Portionen

Aufbewahrung In einem verschlossenen Behälter kann Granita mehrere Wochen tiefgekühlt aufbewahrt werden.

Blaubeersauce

500 g Blaubeeren (frisch oder tiefgekühlt), 180 g Zucker, 2 EL Zitronensaft, 1 TL Maisstärke, 1 TL Vanilleextrakt

Tiefgekühlte Blaubeeren auftauen. Beeren und Zucker in einem Topf auf dem Herd aufkochen lassen. Zitronensaft und Stärke einrühren. Sauce etwa 1 Min. kochen, bis sie etwas eindickt. Blaubeersauce zu Vanilleeis servieren oder zum Füllen von Crêpes (Seite 199), Crumble (Seite 200) oder Biskuit (Seite 206) verwenden.

Für etwa 550 ml

Aufbewahrung Im Kühlschrank ist die Sauce bis zu 1 Woche haltbar. Vor dem Servieren noch einmal erhitzen.

Immer kräftig schlagen

ETON MESS
300 g gut gekühlte Sahne schlagen und mit 250 g frischen Himbeeren und 2–3 zerkrümelten Baisers mischen. Mit 250 ml Himbeer-Coulis (Seite 199) beträufeln und bis zum Servieren kalt stellen.
Für 6 Portionen

MASCARPONECREME MIT ERDBEEREN
Mascarponecreme (Seite 211) zubereiten und als schnelles, einfaches Dessert mit frischen Erdbeeren servieren.
Für 4 Portionen

KARAMELLISIERTE CRÈME FRAÎCHE MIT BEEREN
250 g Brombeeren oder Boysenbeeren in einer kleinen Auflaufform verteilen. Mit 225 g Crème fraîche bedecken und mit 80 g braunem Zucker bestreuen. Mind. 1 Std. kalt stellen. Dessert gut gekühlt servieren oder vor dem Servieren unter den Backofengrill schieben, bis die Crème fraîche zerlaufen ist.
Für 4 Portionen

Sahne schlagen

Beim Sahneschlagen sollte alles – die Schüssel, der Schneebesen, die Sahne, ja sogar der Raum, in dem Sie arbeiten – kalt sein, sonst wird die Sahne nicht richtig steif (bei einer Lufttemperatur von mehr als 32 °C gerinnt sie sogar). Geschlagene Sahne muss in einem fest verschlossenen Behälter im Kühlschrank aufbewahrt werden. Es kann leicht passieren, dass man die Sahne zu lange oder zu heftig schlägt. Dann bilden sich Fettklumpen. In diesem Fall können Sie vorsichtig etwas flüssige Sahne unterheben, bis die ganze Masse wieder luftig und glatt ist. Auch Zutaten, die Sie mit der Schlagsahne kombinieren, müssen unbedingt kalt sein, sonst fällt sie zusammen. Wird die Sahne nicht steif, enthält sie möglicherweise nicht genug Fett (erst ab einem Fettgehalt von 30 % lässt sie sich steif schlagen).

Mascarpone

Sehr viel gehaltvoller als Sahne ist der weiche, nur leicht fermentierte Mascarpone. Er hat einen Fettgehalt von 65 % und wird aus mit Weinsteinsäure versetzter Sahne hergestellt. Ersatzweise können Sie Frischkäse mit Sahne verrühren.

Crème fraîche

Dieser fetten Sahne werden bei der Herstellung Milchsäurebakterien zugesetzt. Crème fraîche kann man auch selbst herstellen, indem man 3 Teile Sahne mit 1 Teil Naturjoghurt oder Buttermilch mischt, zudeckt und an einem warmen Ort mind. 12 Std. stehen lässt, bis eine dicke Creme entstanden ist. Sie hält sich gekühlt mehrere Wochen.

Mit zarter Hand

Schlagsahne ...

Desserts aus Schlagsahne und kalten Fruchtpürees sind wirklich eine Sünde wert und einfach unschlagbar (man verzeihe mir das Wortspiel). Probieren Sie aber auch einmal den klassischen englischen Sillabub, der zu frischen Beeren oder Obsttartes einfach himmlisch schmeckt.

500 g frische oder tiefgekühlte Himbeeren oder Erdbeeren
4 EL Puderzucker
2 TL Zitronensaft
300 g Sahne
1 Becher griechischer Joghurt (nach Belieben)
einige Beeren zum Garnieren

Beeren-Dessert

Beeren auftauen und mit der Hälfte des Puderzuckers und dem Zitronensaft pürieren. Sahne mit restlichem Puderzucker locker aufschlagen und gegebenenfalls Joghurt unterheben. Nun die Hälfte des Beerenpürees unterheben. Ein Drittel des restlichen Pürees auf sechs Gläser verteilen und die Hälfte der Sahne darübergeben. Den Vorgang wiederholen, bis die Zutaten aufgebraucht sind. Desserts mit Beeren garniert servieren.

Für 6 Portionen

Aufbewahrung Das Dessert kann zugedeckt bis zu 6 Std. im Kühlschrank aufbewahrt werden.

SILLABUB

300 g Sahne mit 5 EL Puderzucker locker aufschlagen. 2 EL Sherry oder Brandy, 3 EL Zitronensaft und abgeriebene Schale von ½ unbehandelten Zitrone unterheben. Sillabub gut gekühlt servieren. Im Kühlschrank ist er zugedeckt bis zu 2 Tage haltbar.

Für etwa 400 g

115 g getrocknete Aprikosen, gehackt
180 ml Orangensaft
2 EL Zucker
300 g gut gekühlte Sahne

Aprikosen-Dessert

Aprikosen mit Orangensaft und Zucker in einem Topf aufkochen lassen. Aprikosen anschließend pürieren und kalt stellen (das Püree ist im Kühlschrank einige Tage haltbar und lässt sich auch einfrieren). Sahne locker aufschlagen und vorsichtig unter das kalte Aprikosenpüree heben.

Für 4 Portionen

■ Pflaumen-Dessert mit Portwein

Aprikosen durch 225 g entsteinte Trockenpflaumen und den Orangensaft und Zucker durch 125 ml Portwein und abgeriebene Schale von ½ Zitrone ersetzen. Mit Mandelblättchen bestreut servieren.

… und prickelnde Partner

Ein süßsaurer Lemon-Curd, durchzogen von Schlagsahne und Baiserstückchen, ist ein himmlischer Genuss. Mit säuerlichen Früchten wie Zitronen, Limetten, Passionsfrüchten und Beeren lässt sich ein Zuviel an Süße jederzeit ausgleichen.

Lemon-Curd

300 g feiner Kristallzucker
220 g Butter
300 ml Zitronensaft, durchgeseiht
abgeriebene Schale von 1 unbehandelten Zitrone
6 Eier, leicht schaumig geschlagen

Zucker mit Butter, Zitronensaft und -schale in einem Topf bei mittlerer Hitze erwärmen, bis die Butter geschmolzen ist. Topf vom Herd nehmen und Eier einrühren. Topf wieder auf den Herd stellen, ein Kochthermometer hineinstecken und die Mischung unter ständigem Rühren auf 75 °C erhitzen. (Oder Sie erhitzen die Mischung in einem Wasserbad, bis sie eingedickt ist und an einem Löffelrücken haften bleibt.) Topf dann sofort vom Herd nehmen und Masse umrühren, damit sie nicht am Topfboden ansetzt. Lemon-Curd in heiße, sterilisierte Schraubgläser füllen oder in einem luftdicht verschlossenen Behälter im Kühlschrank aufbewahren.

Für etwa 1 kg

Aufbewahrung Im Kühlschrank ist Lemon-Curd mehrere Wochen haltbar.

CURD-VARIATIONEN

Nach dem gleichen Rezept können Sie auch aus anderen Früchten Curds herstellen.

LIMETTEN-CURD
Zitronensaft durch 300 ml durchgeseihten Limettensaft ersetzen.

PASSIONSFRUCHT-CURD
Zitronensaft durch 300 ml durchgeseihten, ungesüßten Passionsfruchtsaft ersetzen.

Zitronenparfait

500 g gut gekühlte Sahne
1 TL Vanilleextrakt
200 g Lemon-Curd (s. oben)
4 Baisers, zerkrümelt
4 EL geröstete Kokosraspel

Sahne mit Vanilleextrakt locker aufschlagen. Lemon-Curd und Baiserkrümel leicht unterheben, sodass ein Marmormuster entsteht. Parfait auf Dessertschalen verteilen, mit Kokosraspeln bestreuen und bis zum Servieren kalt stellen.

Für 4–6 Portionen

Aufbewahrung Das Parfait kann zugedeckt bis zu 6 Std. im Kühlschrank aufbewahrt werden.

Bitte mit Schwung

Bereiten Sie am besten gleich eine größere Menge Crêpes zu, legen Sie Pergamentpapier zwischen die einzelnen Lagen und frieren Sie sie ein. So haben Sie jederzeit ein herrliches Dessert parat.

Flambierte Crêpes mit Orangen

1 EL Butter
2 EL Zucker
1 TL Vanilleextrakt
5–6 Orangen, geschält und in Spalten zerteilt
4 Crêpes
4 EL geschlagene Sahne oder Crème fraîche
2 EL Grand Marnier, Drambuie oder Brandy

Butter mit Zucker und Vanilleextrakt in einer schweren Pfanne erhitzen, bis es zu knistern beginnt. Orangenspalten hinzufügen und bei starker Hitze einmal aufkochen lassen. Crêpes in der Mikrowelle oder im Backofen erwärmen und auf vier Tellern anrichten. Orangenspalten, Sauce und Sahne darauf verteilen. Crêpes zweimal zusammenklappen und mit der restlichen Flüssigkeit aus der Pfanne beträufeln. Likör 20 Sek. in der Mikrowelle oder etwa 1 Min. in einem kleinen Topf auf dem Herd erhitzen. Crêpes mit heißem Likör beträufeln, anzünden und sofort servieren.

Für 4 Portionen

Himbeer-Coulis

250 g frische oder aufgetaute (tiefgekühlte) Himbeeren
4 EL feiner Kristallzucker

Himbeeren mit Zucker und 2 EL Wasser in einem Topf bei mittlerer Hitze kurz aufkochen lassen. Topf vom Herd nehmen und Mischung kurz im Mixer pürieren. Anschließend durch ein feines Sieb passieren. Coulis in ein sauberes Schraubglas füllen und bei Zimmertemperatur abkühlen lassen.

Für etwa 250 ml

Aufbewahrung Luftdicht verschlossen ist Coulis im Kühlschrank einige Wochen haltbar.

CRÊPES MIT BLAUBEERSAUCE
Crêpes mit Blaubeersauce (Seite 191) füllen.

CRÊPES MIT HIMBEER-COULIS UND BANANE
Crêpes mit Himbeer-Coulis bestreichen und mit Bananenscheiben belegen.

CRÊPE-TEIG

250 g Mehl, 350 ml Milch, 150 ml kaltes Wasser, 1 Prise Salz, 3 Eier, 50 g zerlassene Butter

Alle Zutaten außer der Butter zu einem glatten Teig verrühren. Zum Schluss die Butter unterheben. Der Teig sollte relativ flüssig sein. Eine Pfanne leicht einfetten, etwas Teig hineingießen und die Pfanne leicht schwenken, damit sich der Teig gleichmäßig zu einem dünnen, glatten Crêpe verteilt. Crêpe wenden, wenn die Unterseite gebacken ist, und auf der anderen Seite bräunen. Fertige Crêpes aufeinanderlegen, in Frischhaltefolie einschlagen und im Kühlschrank aufbewahren.

Für 12 Stück

Aufbewahrung Gut verpackt halten sich Crêpes im Kühlschrank 4–5 Tage.

Crumbles über alles

Ob Sie nun ein besonderes Dessert für eine große Gästeschar oder einen süßen Abschluss für ein Candle-Light-Dinner benötigen – mit einfachen, aber raffinierten Crumble liegen Sie immer richtig.

Mandelstreusel

200 g Mehl
300 g brauner Zucker
150 g zarte Haferflocken
100 g gemahlene Mandeln
2 TL gemahlener Zimt
½ TL gemahlene Gewürznelken
200 g zerlassene Butter

Alle Zutaten in einer Schüssel miteinander vermengen und den Streuselteig bis zur Weiterverarbeitung in den Kühl- oder Gefrierschrank stellen.

Für etwa 950 g

Rhabarber-Apfel-Crumble

4 Stangen Rhabarber, in 2½ cm lange Stücke geschnitten
570 g gekochte Äpfel
100 g Zucker
2 TL Maisstärke
½ Portion Mandelstreusel (s. oben)

Backofen auf 200 °C (Umluft 180 °C) vorheizen. Rhabarber und Äpfel mit Zucker und Stärke vermengen und gleichmäßig in einer großen, flachen Auflaufform (etwa 30 cm Durchmesser) verteilen. Streuselteig darüberstreuen und mit der Handfläche leicht andrücken. Crumble 50–60 Min. backen, bis die Streusel goldbraun und knusprig sind.

Für 6–8 Portionen

BEREITEN SIE GLEICH MEHR ZU

Streuselteig sollten Sie in doppelter Menge herstellen, denn er ist nicht nur vielseitig verwendbar, sondern auch nahezu unbegrenzt im Kühl- oder Gefrierschrank haltbar.

TEIGVARIATION

Ersetzen Sie die Mandeln durch andere Nüsse, z. B. Walnüsse, Cashewkerne oder Pekannüsse, und verwenden Sie andere Gewürze, z. B. 1 TL gemahlenen Kardamom für Pfirsich- oder Mango-Crumble oder ½ TL gemahlene Gewürznelken für Apfel-Crumble.

KLASSISCHER CRUMBLE

Für den klassischen Streuselteig die gleiche Menge braunen Zucker, Butter und Mehl verwenden. Butter in Mehl einkneten und Zucker untermischen. Auf Obst verteilen und knusprig backen.

Biskuit – luftig und leicht

Dieses Rezept lässt sich problemlos in der doppelten oder dreifachen Menge herstellen. Der luftige Biskuit eignet sich wunderbar für köstliche Desserts wie Napoleon-Kuchen, Biskuitrouladen mit Himbeerfüllung und Biskuitküsse. Natürlich können Sie auch einen fertigen Biskuit verwenden.

Biskuit

2 Eier, getrennt
100 g Zucker
50 g Maisstärke
1 EL Mehl
1 TL Backpulver

Eiweiß in einer sauberen Schüssel zu lockerem Schnee schlagen. Zucker hinzufügen und so lange weiterschlagen, bis er sich aufgelöst hat (etwa 1 Min.). Zum Schluss die Eigelb unterziehen. Stärke, Mehl und Backpulver gut vermischen, über die Eimasse sieben und unterheben. Teig wie in den folgenden Rezepten angegeben backen.

Aufbewahrung Gebackener Biskuit ist in einem verschlossenen Behälter einige Tage haltbar und eignet sich auch zum Einfrieren.

Biskuit mit Erdbeer-Sahne-Füllung

3 Portionen Biskuitteig (s. oben)
etwa 120 g Erdbeeren, entstielt und in Scheiben geschnitten
300 g geschlagene Sahne
Puderzucker zum Bestäuben

Backofen auf 200 °C (Umluft 180 °C) vorheizen und ein Backblech mit Backpapier auslegen. Biskuitteig wie oben beschrieben zubereiten, auf dem Backpapier verstreichen und etwa 12 Min. backen, bis der Teig aufgegangen ist und sich elastisch anfühlt. Biskuit vollständig abkühlen lassen, in zwei gleich große Hälften teilen, wie ein Sandwich mit Sahne und Erdbeeren füllen und den Biskuitdeckel mit Puderzucker bestäuben.

Für 12–16 Portionen

■ Schokoladenbiskuit mit Erdbeer-Sahne-Füllung

Bei der Herstellung des Biskuitteigs 3 EL Stärke durch 3 EL Kakaopulver ersetzen und wie oben beschrieben zubereiten.

... noch mehr Biskuit

Wenn Sie die einfache Zutatenmenge verwenden, lässt sich der Teig mühelos mit Handmixer oder Schneebesen anrühren. Wird die Zutatenmenge allerdings verdoppelt oder verdreifacht, geht es besser mit einer Küchenmaschine.

Biskuitroulade mit Himbeerfüllung

1 ½ Portionen Biskuitteig (Seite 203)
etwas Puderzucker
125 g Himbeermarmelade oder Himbeer-Coulis
300 g geschlagene Sahne

Backofen auf 200 °C (Umluft 180 °C) vorheizen und ein Blech mit Backpapier auslegen. Biskuitteig auf dem Backpapier verstreichen und etwa 12 Min. backen, bis er aufgegangen ist und sich elastisch anfühlt. Biskuit sofort auf ein sauberes, mit Puderzucker bestäubtes Geschirrtuch stürzen. Backpapier abziehen, Biskuit der Länge nach mit dem Geschirrtuch aufrollen und abkühlen lassen. Biskuit kurz vor dem Servieren entrollen, mit Marmelade und Sahne bestreichen und wieder aufrollen.

Für 8–10 Portionen

Napoleon-Kuchen

1 ½ Portionen Biskuitteig, gebacken (s. oben)
1 Blätterteigplatte (160 g), in 8 Rechtecke geschnitten
250 g Sahne, steif geschlagen
etwa 120 g Erdbeeren, entstielt, in Scheiben geschnitten
125 g Himbeermarmelade
rosa Vanilleguss (s. unten)

Biskuit in 8 Rechtecke schneiden. Backofen auf 220 °C (Umluft 200 °C) vorheizen und Blätterteig 15 Min. backen, bis er aufgegangen und goldbraun ist. Blätterteig abkühlen lassen und Rechtecke waagerecht halbieren. Auf 8 Blätterteigrechtecken die Hälfte der Sahne verteilen. Erdbeeren daraufgeben und Biskuitstücke auflegen. Biskuit mit Marmelade bestreichen, restliche Sahne darauf verteilen und mit Blätterteigrechteck abschließen. Kuchen mit rosa Vanilleguss überziehen.

Für den rosa Vanilleguss 100 g gesiebten Puderzucker mit 2 TL Vanilleextrakt und ½–1 Tropfen roter Lebensmittelfarbe verrühren.

Für 8 Portionen

Biskuitküsse

1 Portion Biskuitteig (Seite 203)
70 g Himbeermarmelade
Puderzucker zum Bestäuben

Backofen auf 200 °C (Umluft 180 °C) vorheizen. Muffinform mit 12 Vertiefungen mit Papierförmchen auskleiden oder einfetten und den Teig darauf verteilen. Biskuit etwa 10 Min. backen, bis er aufgegangen ist und sich elastisch anfühlt. Vor dem Stürzen 2 Min. abkühlen lassen. Jeweils einen kleinen Deckel von den Küssen abschneiden und in jedes Loch 1 TL Marmelade füllen. Deckel halbieren und auf die Marmelade setzen. Biskuitküsse mit Puderzucker bestäubt servieren.

Für 12 Stück

… Biskuit, zum Dritten

Ein köstliches Dessert erhalten Sie, wenn Sie Früchte mit Biskuitteig überbacken. Für das Tiramisu können Sie einen selbst gebackenen oder einen fertig gekauften Biskuit verwenden.

400 g gekochte Äpfel
180 ml Blaubeersauce (Seite 191)
1 Portion Biskuitteig (Seite 203)

Biskuitauflauf mit Äpfeln und Blaubeersauce

Backofen auf 200 °C (Umluft 180 °C) vorheizen. Äpfel und Blaubeersauce auf 4 kleine Auflaufformen verteilen und mit Biskuitteig bedecken. Aufläufe etwa 15–18 Min. backen, bis der Teig aufgegangen ist und sich elastisch anfühlt.

Für 4 Portionen

Variante Äpfel und Blaubeersauce durch 400 g Pfirsiche oder Aprikosen aus der Dose ersetzen.

4 frische Eier aus Freilandhaltung, getrennt
4 EL brauner Zucker
250 g Mascarpone
125 ml kalter Espresso
125 ml Kaffeelikör oder Rum
100 g Biskuit, in 2–3 cm große Würfel geschnitten
2 EL geröstete gemahlene Haselnüsse oder gesiebtes Kakaopulver zum Garnieren

Tiramisu

Eigelb und Zucker mit dem Handmixer cremig schlagen. Mascarpone unterrühren und beiseitestellen. Eiweiß steif schlagen und vorsichtig unter die Mascarponecreme heben. Die Creme kalt stellen.

Espresso in einer Schüssel mit Likör verrühren. Biskuitstücke einzeln hineintauchen und 6 Dessertschalen damit auskleiden. Mascarponecreme auf die Schalen verteilen und mit Haselnüssen bestreuen oder mit Kakao bestäuben. Abdecken und vor dem Servieren mind. 2 Std. kalt stellen. Statt in Portionsschalen können Sie das Tiramisu auch in einer großen Schüssel zubereiten.

Für 6 Portionen

Aufbewahrung Tiramisu kann bis zu 24 Std. im Kühlschrank aufbewahrt werden.

Schwelgen Sie ...
in Schokolade

Für ein gutes Schokoladendessert brauchen Sie vor allem gute Schokolade. Achten Sie daher beim Einkauf darauf, dass die Schokolade einen Kakaoanteil von mind. 55 % hat.

Mousse au chocolat

250 g Zartbitterschokolade, gehackt
500 g gut gekühlte Sahne
4 Eiweiß
4 EL Zucker
1 TL Vanilleextrakt

Schokolade in einen Topf mit 250 g Sahne geben und 2 Min. bei geringer Hitze unter ständigem Rühren schmelzen (oder 2 Min. auf mittlerer Stufe in der Mikrowelle erhitzen) und abkühlen lassen.
Eiweiß in einer sauberen Schüssel mit Zucker steif schlagen. Restliche Sahne in einer weiteren Schüssel mit Vanilleextrakt ebenfalls steif schlagen. Ein Drittel des Eischnees vorsichtig unter die erkaltete Schokolade heben. Dann restlichen Eischnee und zum Schluss Sahne unterheben. Mousse etwa 4 Std. (bis max. 24 Std.) kalt stellen, bis sie relativ fest ist. Auf Dessertschalen verteilen und servieren.
Für 8 Portionen
Aufbewahrung Zugedeckt kann Mousse au chocolat bis zu 48 Std. im Kühlschrank aufbewahrt werden.

SCHOKOLADENSAUCE »EXTRAKLASSE«

125 g Sahne in einem Topf zum Kochen bringen (oder 1 Min. in der Mikrowelle erhitzen), 250 g fein gehackte Bitterschokolade hinzufügen und so lange rühren, bis eine glatte Sauce entstanden ist.
Sauce nach Belieben mit 2 EL Likör verrühren oder, wenn sie weniger dick sein soll, noch mit etwas Sahne verdünnen.
Für etwa 375 ml
Aufbewahrung Im Kühlschrank ist die Sauce bis zu 1 Woche haltbar. Ist sie zu fest geworden, 1 Min. in der Mikrowelle erhitzen.

Schokoladendessert

150 g Mehl
100 g brauner Zucker
2 EL Kakaopulver
2 TL Backpulver
1 Prise Salz
250 ml Milch
50 g zerlassene Butter
1 TL Vanilleextrakt
1 Ei
180 g brauner Zucker
2 EL Kakaopulver
500 ml kochendes Wasser

Backofen auf 200 °C (Umluft 180 °C) vorheizen. Mehl mit Zucker, Kakao, Backpulver und Salz mischen. Milch, Butter, Vanille und Ei hinzufügen und alles gut verrühren. Teig auf 6 hitzebeständige Tassen oder kleine Auflaufformen (300 ml) verteilen. Zucker mit Kakaopulver mischen und Teig damit bestreuen. Förmchen auf ein Backblech stellen. Über einen Löffelrücken etwa 60 ml kochendes Wasser in jedes Förmchen gießen (bis sie voll sind). Desserts etwa 20 Min. backen, bis sie aufgegangen und fertig gebacken sind.
Für 6 Portionen

Belegen und fertig

Süße Mürbeteigböden liefern die Grundlage für eine Vielzahl herrlicher Desserts. Probieren Sie einfach verschiedene Variationen aus.

Beerentarte mit Mascarponecreme und Himbeerguss

250 g Mascarpone
2 EL brauner Zucker
1 TL Vanilleextrakt
1 Mürbeteigboden (Seite 102), ausgekühlt
300 g frische Beeren
4 EL Himbeermarmelade
Saft von ½ Limette

Mascarpone mit Zucker und Vanilleextrakt verrühren und gleichmäßig auf dem Mürbeteigboden verstreichen. Beeren darauf verteilen. Marmelade mit Limettensaft verrühren, durch ein feines Sieb streichen und als Guss über die Beeren träufeln.

Für 6–8 Portionen

TARTELETTES MIT LEMON-CURD

Jedes Tartelette mit 2 EL Lemon-Curd (Seite 196) füllen. Für eine große Tarte (23 cm) benötigen Sie etwa 250 g Lemon-Curd. Mit gerösteten Kokosraspeln oder Beeren garnieren.

SCHOKOLADENTARTELETTES

Tartelettes mit Schokoladensauce »Extraklasse« (Seite 208) füllen und in den Kühlschrank stellen oder einfrieren. Mit Kirschen oder Beeren garnieren.

BEERENTARTELETTES MIT FRISCHKÄSE

250 g Frischkäse glattrühren und abgeriebene Schale von ½ unbehandelten Zitrone und 2 EL Puderzucker unterrühren. Tartelettes damit füllen und mit Erdbeerscheiben garnieren.

Die zergehen auf der Zunge

300 g backfertiger Blätterteig, dünn ausgerollt
70 g gemahlene Mandeln
4 EL Zucker
1 TL Vanilleextrakt
½ TL Mandelessenz
1 Eiweiß
4 reife Birnen, halbiert und von Kerngehäusen befreit
2 EL Aprikosenmarmelade
1 EL Wasser

Birnen-Mandel-Tartelettes

Backofen auf 220 °C (200 °C) vorheizen. Teig in 8 Kreise mit 10 cm Durchmesser schneiden und Teigkreise in ausreichendem Abstand auf ein Backblech legen. Mandeln mit Zucker, Vanille, Mandelessenz und Eiweiß verrühren. Masse gleichmäßig auf den Teigkreisen verstreichen (etwa 1 EL pro Tartelette) und dabei einen Rand frei lassen. Birnen in dünne Spalten schneiden und auf den Teigkreisen verteilen. Tartelettes etwa 10 Min. backen, bis der Teig aufgeht. Bei 180 °C (Umluft 160 °C) weitere 15–20 Min. backen, bis der Teig goldbraun ist und die Birnen weich sind. Aprikosenmarmelade erhitzen, mit Wasser verdünnen, durch ein feines Sieb streichen und die heißen Tartelettes damit bestreichen.
Für 8 Stück

■ **Apfel-Mandel-Tartelettes**
Birnen durch 4 säuerliche Äpfel ersetzen.
■ **Aprikosen-Mandel-Tartelettes**
Birnen durch 4 große Aprikosen ersetzen.

300 g backfertiger Blätterteig, dünn ausgerollt
2 große, aromatische Äpfel, geschält, geviertelt und von den Kerngehäusen befreit
250 ml heißes Wasser
125 ml heller Zuckerrübensirup

Apfeltaschen mit Sirup

Backofen auf 220 °C (Umluft 200 °C) vorheizen. Teig in 8 Quadrate teilen und in die Mitte der Quadrate je ein Apfelviertel setzen. Teig über den Äpfeln verschließen und dabei die Ränder gut andrücken. Teigtaschen in ausreichendem Abstand in eine Auflaufform setzen. Wasser mit Sirup verrühren und über die Apfeltaschen gießen. Apfeltaschen etwa 20 Min. goldbraun backen und mit Sirup übergossen servieren.
Für 8 Stück

■ **Birnentaschen mit Sirup**
Äpfel durch 2 Birnen ersetzen.
■ **Mangotaschen mit Sirup**
Äpfel durch 2 geschälte, gewürfelte Mangos ersetzen.

Kleine Gaumenfreuden

Buttrige weiche Sahnetoffees, die nur so auf der Zunge zergehen, cremiges Kokoskonfekt und knusprige Schokoladentoffees – damit können Sie jede Naschkatze aufs Höchste beglücken.

Toffees aus der Mikrowelle

500 g Zucker
125 ml Milch
200 g gesüßte Kondensmilch
1 TL hellen Zuckerrübensirup
100 g Butter
1 Prise Salz
1 TL Vanilleextrakt
150 g gehackte Walnüsse (nach Belieben)

Alle Zutaten außer den Nüssen in einer großen, mikrowellengeeigneten Schüssel verrühren, zudecken und 10–12 Min. auf höchster Stufe erhitzen. Alle 2 Min. gut umrühren. Wenn die Masse eine intensive goldgelbe Farbe hat, etwa 4 Min. mit einem Kochlöffel oder dem Handmixer schlagen. Gegebenenfalls Walnüsse hinzufügen und die Masse in eine gefettete Form (16 x 18 cm) füllen. Fest werden lassen und in Stücke schneiden.

Zubereitung auf dem Herd Alle Zutaten in einem großen Topf unter ständigem Rühren etwa 15 Min. erhitzen, bis sich eine weiche, verformbare Masse bildet. In die vorbereitete Form füllen und fest werden lassen.

Für etwa 24 Stück

Aufbewahrung In einem verschlossenen Behälter sind Toffees mehrere Wochen haltbar.

Schokoladenglasur

300 g Puderzucker
2 EL Kakaopulver
50 g Butter, zerlassen
2–3 EL kochendes Wasser
1 TL Vanilleextrakt

Zutaten zu einer cremig-glatten Masse verrühren.

Kokoskonfekt

150 g Butter
280 g Puderzucker
150 g Kokosflocken
4 EL Milch
je 1 TL Vanilleextrakt und Zitronensaft
einige Tropfen rote Lebensmittelfarbe

Butter in einem Topf zerlassen. Restliche Zutaten hinzufügen und alles kräftig zu einer homogenen Masse verrühren. Masse in eine mit Frischhaltefolie ausgelegte Form (16 x 16 cm) füllen und etwa 2 Std. kalt stellen. Fest werden lassen und in Stücke schneiden.

Für etwa 24 Stück

Aufbewahrung Luftdicht verschlossen und kühl gelagert ist Kokoskonfekt etwa 2 Wochen haltbar.

Knusprige Schoko-Toffees

2 Eier, leicht verquirlt
240 g Butter
150 g Zucker
4 EL Kakaopulver, gesiebt
1 TL Vanilleextrakt
500 g Butterkekse, zerkrümelt
1 Portion Schokoladenglasur (s. links)

Eier mit Butter, Zucker, Kakao und Vanilleextrakt in einem Topf bei geringer Hitze unter ständigem Rühren erwärmen, bis die Masse fast kocht. Kekskrümel einrühren. Masse in einer flachen Form (30 x 25 cm) verteilen, andrücken und mit Schokoladenglasur überziehen. Fest werden lassen und in Stücke schneiden.

Für etwa 32 Stück

Aufbewahrung Luftdicht verschlossen und kühl gelagert sind die Schoko-Toffees etwa 2 Wochen haltbar.

Kekse zum Anbeißen

100 g Butter
180 ml gesüßte Kondensmilch
250 g Butterkekse, fein zerkrümelt
150 g getrocknete Aprikosen, fein gehackt
5 EL Kokosflocken
2 EL Zitronensaft
350 g Puderzucker
50 g Butter, zerlassen
4 EL kochendes Wasser
1 EL Zitronensaft

Aprikosen-Kokos-Kekse

Butter in Kondensmilch zerlassen, aufkochen und bei sehr geringer Hitze 2 Min. köcheln lassen. Gelegentlich umrühren. Topf vom Herd nehmen. Kekskrümel, Aprikosen, Kokosflocken und Zitronensaft hinzufügen und alles gut verrühren. Keksmasse in einer flachen, mit Backpapier ausgelegten Form verteilen, andrücken und kalt stellen, bis die Masse fest geworden ist. Puderzucker, Butter, Wasser und Zitronensaft glattrühren, Keksmasse mit der Glasur überziehen und in Stücke schneiden.

Für etwa 24 Stück

Aufbewahrung Luftdicht verschlossen und kühl gelagert sind die Kekse etwa 2 Wochen haltbar.

350 g Zartbitterschokolade, gehackt
180 ml Kondensmilch
4 EL Karamellsirup
2 TL Vanilleextrakt
8 Butterkekse, zerkrümelt
200 g getrocknete Aprikosen, grob gehackt
80 g gehackte Paranüsse oder Mandeln
2 EL Puderzucker
geschmolzene Schokolade zum Garnieren

Schoko-Karamell-Bällchen mit Aprikosen und Nüssen

Schokolade mit Kondensmilch und Karamellsirup in eine große mikrowellengeeignete Schüssel geben und etwa 2 Min. auf höchster Stufe erhitzen, bis die Schokolade geschmolzen und eine glatte Masse entstanden ist. Dabei alle 30 Sek. umrühren. Vanilleextrakt, Kekskrümel, Aprikosen, Nüsse und Puderzucker untermischen (die Masse wird sehr dick). Aus der Keksmasse Bällchen formen, etwas flach drücken und mit der geschmolzenen Schokolade beträufeln oder Keksmasse in einer flachen, mit Frischhaltefolie ausgelegten Form (24 x 16 cm) verteilen, andrücken und mit der Schokolade beträufeln. Masse fest werden lassen und in Scheiben schneiden.

Für etwa 30 Stück

Aufbewahrung Schoko-Karamell-Bällchen sind im Kühlschrank 2 Wochen haltbar.

In der Küche

Wenn Sie wissen, wie Sie Ihren Backofen einstellen müssen, sich exakt an die Mengenangaben der Rezepte halten und Ihnen das Küchenlatein geläufig ist, gelingt Ihnen bestimmt jedes Gericht.

Die Temperaturangaben

Je nach Fabrikat Ihres Herdes kann es zu Abweichungen bei den Garzeiten kommen. Auch kann der Feuchtigkeitsgehalt der Zutaten oder ihre Fähigkeit, Flüssigkeit aufzunehmen, variieren. Die angegebenen Kochzeiten dienen deshalb lediglich als Anhaltspunkt. Es kommt vor allem auf Ihr Gespür an. Haben Sie erst einmal herausgefunden, wo Ihr Herd von den hier angegebenen Garzeiten abweicht, werden Sie in der Lage sein, sie entsprechend anzupassen. Und vergessen Sie nie, den Backofen auf die angegebene Temperatur vorzuheizen, bevor Sie mit dem Braten oder Backen beginnen.

Die Mengenangaben

1 EL (Esslöffel) entspricht 15 g bzw. 15 ml.
1 TL (Teelöffel) entspricht 5 g bzw. 5 ml.
Wenn Sie einen speziellen Messlöffel verwenden, der in der Regel 20 g bzw. 20 ml fasst, kann der Mengenunterschied bei den meisten Rezepten vernachlässigt werden. Dort, wo eine größere Menge das Gelingen des Gerichts in Frage stellen könnte, wurde dies bereits berücksichtigt, sodass Sie keine Anpassungen vornehmen müssen.

Glossar

Abgeriebene Schale In der dünnen äußeren Schale von Zitrusfrüchten sitzen die aromatischen ätherischen Öle. Achten Sie beim Abreiben darauf, dass Sie die darunterliegende weiße Haut nicht mit abschälen, denn sie schmeckt bitter.

Abschmecken Ein Gericht vor dem Servieren auf seinen Geschmack prüfen und es gegebenenfalls mit Salz und Pfeffer oder anderen Gewürzen verbessern. Meersalz ist in der Regel grober als herkömmliches Speisesalz und hat ein geringeres Gewicht.

Blanchieren Gemüse kurz in kochendes Wasser geben und anschließend sofort in kaltem Wasser abschrecken. So bleibt die frische Farbe erhalten.

Entstielen Stielansätze von Beeren entfernen.

Fein würfeln In etwa ½ cm große Stücke schneiden.

Köcheln Flüssigkeit bei geringer Hitze gerade am Kochen halten.

Nüsse rösten Nüsse dazu entweder auf einem Backblech verteilen und bei 190 °C (Umluft 170 °C) etwa 12–15 Min. im Backofen rösten, bis sie zu duften beginnen und goldbraun sind, oder 2–3 Min. in kleinen Portionen (etwa 120 g) in der Mikrowelle erhitzen und 30 Sek. umrühren.

Passieren Saucen, Pürees oder Ähnliches durch ein feines Sieb streichen, um Kerne und andere feste Bestandteile zurückzuhalten.

Pürieren Zu einer glatten Masse zerkleinern und verrühren.

Säurefeste Schüssel Säurehaltige Zutaten sollten nie in Aluminium- oder andere nicht korrosionsbeständige Metallschüsseln gegeben werden, sondern immer nur in Plastik- oder Glasschüsseln.

Unterheben Eischnee oder geschlagene Sahne mit einer weit ausholenden Bewegung und mit Hilfe eines Pfannenwenders sehr vorsichtig unter eine Masse mischen.

Würfeln In etwa 1 cm große Stücke schneiden oder hacken.

Zitronennudeln mit Erbsen und Garnelen (Seite 53)

Register

Danke …

Ich bin immer wieder erstaunt, wie viel Arbeit in der Entwicklung und Herstellung eines Kochbuchs steckt, wie viele Menschen sich dabei – vom ersten Entwurf bis zu den Seiten, die Sie hier vor sich sehen – mit ihrem Engagement, ihrer Energie und ihren Talenten einbringen. Ihnen vor allem gilt mein aufrichtiger Dank.
Mein besonderer Dank geht an Nick Tresidder für seine großartigen Bilder. Die Arbeit mit Dir hat wieder viel Freude gemacht. Ein großes Dankeschön auch an Karryn Muschamp für das ausgezeichnete, geschmackvolle Design des Buches. Ganz herzlich möchte ich an dieser Stelle noch einmal Natalie Keys danken, die sich hinter den Kulissen mit unermüdlichem Einsatz um Layout und Herstellung gekümmert hat. Für das sachkundige Lektorat vielen Dank an Sally Butters und auch an Jane Turner, die alles noch einmal sorgfältig durchgesehen hat. Ein herzliches Dankeschön an Angela Casley und Glenys Cennamo, die die Rezepte nachgekocht haben, für Eure »zuverlässigen Gaumen« und die wertvollen Anregungen zur Vereinfachung der Rezepte. Dank auch an Sarah Lords, die mit ihren wunderbaren Requisiten wesentlich dazu beigetragen hat, dass die Fotos so schön geworden sind.
Dank auch an meine Mitarbeiterinnen Lesley MacMichael und Joy Danford, an meine großartige Familie und meine wunderbaren Freunde. Danke für Eure Unterstützung und für Euer Verständnis, wenn ich während der Entstehung des Buches oft nur wenig Zeit für Euch hatte, und danke dafür, dass Ihr so hervorragende Versuchskaninchen seid. Ein besonderes Dankeschön auch an Margot Baddeley und Kirsten Tweedie.

Ich danke den Firmen Nest, Living & Giving, The Epicurean Workshop, Milly's, Corso de' Fiori und Bodum, die uns freundlicherweise ihre Produkte als Requisiten für die Fotos zur Verfügung gestellt haben, sowie Michelle Donaldson für die hübschen Halsketten.

Mein Dank gilt schließlich all den vielen Kollegen, die mir Anregungen und köstliche Rezepte geliefert haben, und den vielen professionellen und Hobby-Köchen sowie den Kochbuchautoren auf der ganzen Welt, die meine Begeisterung für das Kochen geweckt und mich immer wieder aufs Neue inspiriert haben.

Annabel 2005